Manager humaniste

Éditions d'Organisation
1, rue Thénard
75240 Paris Cedex 05

Consultez notre site :
www.editions-organisation.com

© Éditions d'Organisation, 2004
ISBN : 2-7081-3119-2

Philippe MASSON

Manager humaniste

Éditions
d'Organisation

Sommaire

Partie 1
Choisir l'humanisme pour réussir

Partie 2
Construire une culture humaniste pour créer de la valeur

Partie 3
Gouverner par le dialogue
sur les politiques de l'entreprise

Annexes

Avant-propos

Pourquoi ce livre ? J'ai conservé de mes débuts d'économiste à l'INSEE le goût et la capacité d'appréhender la complexité des interactions entre les entreprises et leur environnement. Ma longue carrière de consultant m'a donné l'occasion de partager la vie d'un grand nombre d'entreprises européennes ou américaines, à des moments souvent cruciaux de leur existence, dans de multiples secteurs. De plus, mes expériences de manager ou de mandataire social ont conforté ma profonde conviction qu'il est possible de concilier l'efficacité économique et l'épanouissement des hommes.

J'ai ressenti le besoin irrésistible, en cette période de doute et de pessimisme, d'apporter à ceux et celles qui vivent une crise de confiance au sein d'une entreprise ou qui s'apprêtent à rejoindre sans enthousiasme leur futur employeur, un message d'espoir. J'ai voulu leur donner l'envie de libérer les qualités humaines de leurs équipes et de leurs interlocuteurs, à l'intérieur ou à l'extérieur de l'entreprise, pour réussir.

Je dédie ce livre à ma femme ainsi qu'à nos enfants qui ont toléré, tant bien que mal, des attentes interminables.

Le directeur du recrutement de McKinsey, Tony, ancien pilote de la Royal Air Force qui aimait raconter ses plongées en piqué dans le brouillard, m'avait pourtant averti : un bon consultant est un homme qui nage au soleil dans le golfe de Tipasa en pensant à son client. Et mes aventures de manager n'ont pas été plus tranquilles.

Je remercie tous les lecteurs des différentes versions de mon projet, dont les encouragements et les critiques constructives m'ont permis d'aller jusqu'au bout de cette démarche.

Je remercie également les amis que, contrairement à ceux de Villon, le vent qui soufflait devant ma porte n'a jamais chassés ; ils m'ont souvent étonné par leur aptitude à me retrouver après de longs mois ou de longues années d'absence, comme si nous nous étions quittés la veille.

Merci encore à tous ceux et toutes celles qui m'ont accompagné dans des aventures professionnelles passionnantes. Je leur ai beaucoup donné, mais ils me l'ont rendu au centuple.

Préface

Les livres de consultants sont souvent des livres de méthode, et les méthodes de management se succèdent avec le changement des circonstances et les modes. Les chefs d'entreprise les regardent parfois avec intérêt, mais souvent avec réserve, persuadés qu'une méthode, la plus pertinente soit-elle, ne peut être la réponse aux problèmes du management, dont leur expérience vécue leur a montré la complexité et la richesse.

Le livre de Philippe Masson est différent, car il nous livre non seulement l'expérience d'un consultant, mais aussi celle d'un manager, avec cette même richesse foisonnante, cet apprentissage progressif, ces moments d'enthousiasme et de déception qui forgent une vie. N'hésitant pas à parler de ses échecs autant que de ses succès, il nous propose, comme fil d'Ariane, le cheminement d'une entreprise sur la voie de l'humanisme, qui ne peut se réduire à telle ou telle méthode simplificatrice.

Sa conviction, étayée de nombreuses illustrations concrètes, devient vite une évidence : l'homme est au centre de la réussite ou de l'échec de l'entreprise, et seule une approche « humaniste », c'est-à-dire centrée sur l'homme, peut répondre, dans la durée, au problème du management. Il rejoint là la conclusion que j'ai tirée de vingt-cinq ans de travail chez Lafarge.

Affirmation paradoxale, après une période où jamais l'entreprise n'aura paru plus inhumaine, où les molochs financiers ont semblé réclamer leur part de sacrifices, et où des scandales récents ont mis en évidence la faiblesse humaine plutôt que sa vertu !

Et pourtant, Philippe Masson nous le montre bien, les entreprises qui ont traversé cette période de folie sans perdre leur boussole, celles qui ont construit sur la durée sont celles qui traitent les clients, les collaborateurs et même les actionnaires, comme des hommes et des femmes, et non comme des variables abstraites dans des modèles d'optimisation.

Qu'on ne s'y trompe pas, l'humanisme dans l'entreprise n'est ni angélisme, ni naïveté, ni relâchement des efforts. L'entreprise humaniste que nous dépeint Philippe Masson est ambitieuse dans ses objectifs, exigeante dans ses attentes et lucide sur ses performances. Mais elle privilégie réellement, dans ses rapports avec les hommes et les femmes – qu'ils soient du dedans ou du dehors – l'information, l'échange, le dialogue, en un mot le respect. Ce respect de la personne, toujours nécessaire, est particulièrement important quand arrivent des temps difficiles. En effet, si l'on ne peut, dans une économie de mouvement, assurer à tous une protection totale des situations, on peut aider les personnes concernées par les changements nécessaires à y faire face sans perdre confiance.

La confiance est en effet la clef des réussites humaines, mais c'est un mot que l'on ne lit plus guère dans la littérature de management. Alain Peyrefitte, avec lequel j'eus naguère le plaisir de travailler, y voyait le moteur de l'économie libérale. Bertrand

Martin, dans son ouvrage *Oser la confiance,* en faisait la clef de son expérience de dirigeant chez Sultzer. Elle trouve toute sa place dans le livre de Philippe Masson.

Le débat sur la gouvernance de l'entreprise, légitimement entamé après les dérèglements observés dans un certain nombre d'entreprises, en est une bonne illustration. Il s'agit bien de retrouver la confiance dans l'entreprise et dans ses dirigeants, ses administrateurs ou ses auditeurs. Or, on sait bien que les systèmes formels, s'ils sont nécessaires, ne suffiront pas pour faire évoluer les comportements et que seules l'honnêteté et la rigueur morale des responsables pourront éviter d'autres contournements des règles. C'est donc en mettant ces qualités au premier rang des critères de sélection que les conseils d'administration feront l'œuvre la plus utile, d'où l'importance des « bonnes pratiques » préférées à des règles formelles trop détaillées.

Une approche humaniste favorise l'expression des meilleures qualités de chacun dans l'entreprise, et c'est aussi celle qui assurera à l'entreprise la performance et la réussite à long terme, y compris sous l'angle financier de la fameuse, et bien nécessaire, création de valeur. Cette conviction, fortement exprimée et appuyée sur toute l'expérience de l'auteur, suffira-t-elle à entraîner l'adhésion de tous les managers ?

Sans doute s'en trouvera-t-il toujours quelques-uns à préférer des succès rapides et éphémères. Mais on peut espérer qu'au sortir des illusions cruellement déçues des premières années de ce siècle, nombreux seront ceux qui choisiront la voie de l'humanisme.

Bertrand COLLOMB
Président du groupe Lafarge

Introduction

Mes affinités avec les valeurs humanistes, qui placent la confiance lucide dans l'individu et le dévouement à une cause collective au cœur du progrès humain, remontent à la civilisation gréco-latine et à la morale chrétienne qui ont bercé mes études au lycée Carnot.

J'en ai retrouvé les traces au fil de mes lectures estudiantines préférées, de Rabelais à Camus, en passant par Montaigne, Montesquieu, Rousseau, Voltaire ou de Tocqueville.

J'ai suivi avec intérêt leur apparition dans le management avec les écrits de Mc Gregor sur la théorie Y. Elles ont prospéré en France avec les travaux de Michel Crozier et ceux d'Hervé Sirieyx, la création d'*Humanisme et Entreprise* et la publication du livre de Michel Albert sur le capitalisme rhénan *(Capitalisme contre Capitalisme)*.

Le monde de l'entreprise a bien changé depuis lors et les préoccupations financières des managers ont occulté les considérations humanistes. Depuis la fin prématurée de la ruée sur l'Internet, les scandales à répétition ont miné la confiance des investisseurs dans les entreprises et les colosses aux pieds d'argile, jadis prônés en exemple, s'effondrent l'un après l'autre. L'instinct de survie est devenu la qualité essentielle des managers. Est-ce suffisant pour les motiver et pour guider leur action ?

Le besoin de nouveaux repères

L'application pratique des valeurs humanistes qui prospèrent dans les manuels de management a été battue en brèche par la globalisation des marchés, l'accélération du rythme des innovations et l'incapacité croissante de nos sociétés à maîtriser l'avenir. C'est pourtant en s'appuyant sur ces valeurs que les entreprises peuvent s'adapter à ce nouveau contexte et retrouver la maîtrise de leur développement.

L'affaire Enron a illustré la pertinence de la théorie du Chaos dans la vie des affaires. Le principe selon lequel de « petits » événements, provoqués par l'homme ou indépendants de sa volonté, peuvent avoir des conséquences majeures n'était pas une découverte : un coup de typhon imprévu – baptisé « Kamikaze » – qui noie l'armée mongole et qui sauve l'empire japonais au XIIIe siècle ; de fausses rumeurs sur la bataille de Waterloo, qui déclenchent l'un des premières grands krachs boursiers à Londres et font la fortune des Rothschild ; une dépêche tronquée – par Bismarck – à Ems qui précipite la France dans la guerre de 1870 ; ou bien encore la faillite de la banque Herstatt, modeste établissement financier de Hambourg, qui avait provoqué une onde de choc dans le système financier mondial il y a quelques dizaines d'années. Mais, si la chute d'Enron a déclenché un tel cataclysme, c'est parce que l'avènement de notre société de communication a démultiplié les possibilités de propagation de l'information et accéléré les réactions en chaîne.

La lame de fond de la globalisation, la sophistication croissante des acteurs (collaborateurs, clients, fournisseurs, pouvoirs publics, etc.) dans l'écosystème de l'entreprise, l'explosion des innovations technologiques et des moyens de communication, le déchaînement des risques climatiques et des risques terroristes et la déstabilisation des équilibres géopolitiques traditionnels ont précipité les entreprises dans un environnement de volatilité durable.

Les managers et les régulateurs sont simultanément soumis à des pressions de plus en plus fortes des opinions publiques pour que les entreprises rendent compte de leurs actions et de leurs résultats, y compris de leur contribution au développement durable de l'humanité par leur impact social et leurs actions en faveur de la préservation de l'environnement.

Le rétablissement de la confiance a été le thème du Forum de Davos, en 2003. La plupart des entreprises traversent en effet, depuis le début de ce siècle, une crise de confiance qui ébranle la motivation individuelle de leurs managers, qui érode leur capacité collective à créer de la valeur et qui menace la pérennité de leur développement.

L'humanisme fait par ailleurs l'objet d'un regain d'intérêt, illustré récemment par les ouvrages de Joseph Macé-Scaron, *Montaigne, notre nouveau philosophe,* et de Bernard Iba, *Le XXIe siècle en panne d'humanisme.* Ne serait-il pas temps de rétablir le lien entre l'entreprise et l'humanisme ?

C'est en renouant avec les valeurs humanistes que les entreprises peuvent s'adapter à la globalisation, éviter les pièges de la précipitation et apprivoiser l'incertitude.

S'adapter à la globalisation

L'explosion des moyens de communication et la poursuite des migrations viendront à bout des derniers bastions de protectionnisme qui résistent encore. La globalisation est pour les entreprises de toute taille un risque et une opportunité. Elles doivent, pour survivre, être à l'écoute du monde tout en consolidant leurs racines locales.

Quelle heure est-il sur Internet, se demandait-on dans l'euphorie de la nouvelle économie ? La nouvelle économie s'est évanouie en fumée, mais Internet demeure et nombre d'entre nous interagissent quotidiennement avec des correspondants situés à des milliers de kilomètres.

Nous pouvons accéder à des centaines de chaînes de télévision couvrant le monde entier, consulter des milliers de sites Internet, correspondre par courrier électronique avec qui nous voulons, faire notre shopping virtuel auprès de spécialistes du jambon du Wisconsin (un régal), organiser une télé-réunion entre l'Europe, l'Amérique et l'Asie. Nous pouvons aussi nous brancher sur un *Webcast* avec des centaines de participants des cinq continents, ou travailler avec quelques collègues sur une présentation ou un projet d'architecture dans un bureau virtuel, à partir de notre domicile.

Un téléphone portable mué en assistant numérique personnel nous accompagne volontiers dans tous nos déplacements et toutes les capitales du monde sont à quelques heures d'avion.

Les médecins peuvent faire des diagnostics à distance, voire procéder à des interventions chirurgicales.

Cette révolution technologique, que nous n'avons pas fini de digérer, a déjà bouleversé profondément la vie personnelle et professionnelle de bon nombre de managers.

Les frontières qui séparaient vie privée et travail sont de plus en plus floues, même si le développement du télétravail se heurte à de fortes résistances culturelles. Celles qui définissaient le périmètre d'une entreprise et celles qui bornaient ses marchés sont en train de voler en éclats sous nos yeux.

Des entreprises de toutes tailles s'attaquent aux marchés les plus lointains. Les entreprises multinationales assurent un service continu à leur clientèle en mobilisant, l'un après l'autre, des centres d'appel, des salles de marché ou des bureaux d'études répartis sur plusieurs fuseaux horaires.

Les digues protectrices des marchés nationaux sont devenues friables. La pénible construction de l'Europe et le douloureux processus d'intégration des flux migratoires complètent le gigantesque brassage culturel auquel nous assistons.

Les salariés et les consommateurs font entendre leur voix sur le net. Les décisions d'achat se fondent de plus en plus fréquemment sur les témoignages obtenus d'autres clients. Les candidats surprennent souvent leurs employeurs potentiels par la qualité de l'information qu'ils ont glanée sur les salaires, le climat de travail ou les opportunités de carrière.

La concurrence peut venir de partout et les frontières entre métiers s'estompent aussi au fil des fusions/acquisitions et des alliances.

Le champ des opportunités est illimité, mais nul n'est à l'abri des ondes de choc provoquées par un événement lointain, à l'exception d'un petit nombre d'entreprises – telles que McKinsey, IBM, Lafarge ou L'Oréal – qui sont des acteurs mondiaux dans leur métier, mais qui sont profondément ancrées dans chacun des marchés locaux où elles opèrent. Elles exploitent leur présence globale pour détecter et déployer des approches innovantes, pour amortir les fluctuations conjoncturelles, pour traiter avec leurs clients ou partenaires internationaux, ou pour créer des centres de production ou de service partagés. Leur enracinement régional leur permet de s'adapter aux cultures locales et de concurrencer à armes égales les entreprises nationales.

La capacité d'embrasser un projet global, tout en restant proche de ses interlocuteurs locaux, fait partie du « patrimoine génétique » des entreprises à culture humaniste.

Notons au passage que la multinationalité ne devrait pas être l'apanage des grands groupes. De petites sociétés de service ou des PME industrielles peuvent se doter à bon compte d'une capacité d'action globale, en internationalisant leur équipe de direction. Mais combien d'entreprises ont imité ce cabinet de recrutement parisien, familier du monde asiatique, et dont l'équipe de six associés compte un Allemand, un Américain et un Australien ?

Éviter les pièges de la précipitation

L'économie de marché, le progrès des technologies et l'évolution des mœurs nous entraînent dans une course à la vitesse. Le management de l'entreprise doit organiser la résistance au stress, anticiper les tendances lourdes et se protéger de la dictature du présent. Il doit donner à ses collaborateurs et à ses partenaires le sens de la durée pour construire et mener à bien leurs projets.

J'avoue avoir vécu, comme beaucoup de mes contemporains, une relation conflictuelle avec le temps : ressentant fortement l'inexorable linéarité de notre temps de vie individuel – une dotation moyenne de 700 000 heures de vie dans le monde occidental – j'ai toujours mis les bouchées doubles et fait la chasse aux heures gaspillées. Pourtant, c'est en me laissant aller au fil non linéaire du temps naturel que j'ai connu mes meilleures périodes de réflexion créative et mes trop rares moments de bonheur auprès de ma famille et de mes amis.

Parmi les nombreux ouvrages consacrés à l'histoire de la relation entre l'homme et le temps, je trouve l'éclairage de Zaki Laïdi, dans *Le sacre du présent,* particulièrement pertinent pour comprendre en quoi notre perception contemporaine du temps contribue à entretenir la confusion entre passé, présent et avenir, qui alimente le chaos.

Il parle de « *présent autarcique* » et de « *chronocentrisme* ». Il décrit « *l'homme-présent* » comme un individu oublieux de son histoire et mû par la contingence présente plutôt que par une intention d'avenir : « *Le sens de son être réside désormais dans son vécu immédiatement perceptible et représentable et non dans une quelconque attente.* »

Il a été de bon ton ces dernières années de parler d'accélération du temps et de prôner pour les entreprises la course de vitesse. Notre perception du temps s'est modifiée, notamment sous l'effet de l'explosion de l'information et de la communication en temps réel. Nous avons privilégié la survie, l'action instantanée et les résultats immédiats au détriment des projets, de l'engagement dans la durée et des résultats à long terme.

Les managers se trouvent pris en tenailles entre le temps régulé par l'entreprise, elle-même asservie au rythme annuel, trimestriel, mensuel et quotidien des marchés et leur vécu instantané d'événements stochastiques. Comment retrouver le temps de la prospective sans perdre le contact avec le temps réel ?

Comment reconnaître dans l'organisation de l'entreprise et l'appréciation des performances la nécessité de rôles ayant des horizons de temps différents – par exemple entre un vendeur, le responsable d'un centre de production, un chargé de compte et le dirigeant d'une nouvelle activité ?

Comment choisir le bon tempo pour transformer son entreprise en restant dans la course sans se précipiter dans des impasses, ni laisser trop de victimes du changement au bord de la route ?

La difficulté d'apprécier l'hystérésis d'un processus de changement conduit souvent les consultants à préconiser et à copiloter des évolutions à marche forcée, dont les effets retombent comme un soufflé après leur départ. Elle pousse aussi bon nombre de managers à lancer simultanément des initiatives trop nombreuses qui finissent par s'enliser.

Les méfaits de la précipitation ont été abondamment illustrés par les mésaventures de nombreuses « dot.coms » de feu la nouvelle économie, soit que leurs *business plans* gribouillés n'aient pas résisté à l'épreuve de la réalité, soit qu'elles se soient brûlé les ailes en explorant prématurément des marchés encore vierges.

Inversement, combien d'entreprises ont souffert d'avoir sous-estimé la vitesse d'évolution de leur environnement, d'avoir tergiversé dans leurs décisions et d'avoir pris le chemin des écoliers pour contourner les résistances au changement ?

Les sidérurgistes qui ont tardé dans leurs programmes de restructuration ont été absorbés par leurs concurrents plus rapides. Les cimetières des entreprises informatiques sont pleins d'entreprises incapables de rester dans la course de l'innovation. Même dans l'assurance, les anciens « numéro un » du marché ont parfois dû rendre les armes face à des concurrents plus dynamiques.

Les dirigeants des entreprises performantes, que nous évoquerons ultérieurement, ménagent l'équilibre entre la nécessité de l'évolution et la capacité d'adaptation des hommes.

Apprivoiser l'incertitude

Les entreprises sont condamnées à vivre dans un environnement chaotique, où les réactions en chaîne sont imprévisibles. Elles peuvent y prospérer durablement, si elles abandonnent l'illusion des certitudes. Mais elles doivent cultiver en permanence l'art de l'improvisation, pour s'adapter, et la science de l'expérimentation, pour évoluer.

Le stress au travail progresse de façon régulière depuis des dizaines d'années, en particulier chez les managers, en dépit de la diminution de la durée du travail et de l'amélioration de ses conditions matérielles. C'est la conséquence de la pression psychologique exercée par la dépendance d'un environnement incontrôlable et la sollicitation par des demandes imprévisibles et souvent incohérentes.

Le prix des actions d'une entreprise peut connaître des variations quotidiennes de plusieurs dizaines de %, alors que l'on suspendait la cotation à la Bourse de Paris pour des variations de 5 %, il y a vingt ans. Les marchés financiers déboussolés ne distinguent plus le bon grain de l'ivraie et réagissent trop fortement à la moindre nouvelle : les avatars judiciaires d'une entreprise peuvent affecter l'ensemble des valeurs du secteur ; qu'un analyste annonce que Citigroup s'enrhume et toutes les valeurs bancaires éternuent ; que Nokia révise ses prévisions à la hausse et les valeurs technologiques rebondissent…

Les actes terroristes, les conflits régionaux, les réseaux mafieux et les catastrophes naturelles s'invitent de plus en plus fréquemment dans la vie des entreprises. Les gouvernements et les institutions internationales sont débordés collectivement par la montée en puissance des contestations sociales et écologiques. Enron a entraîné dans sa chute un colosse de l'audit, dont l'effondrement a provoqué un profond remodelage des professions de l'audit et du conseil aux entreprises à travers le monde. Après les dragons d'Asie, c'est l'Argentine qui s'est retrouvée au bord du dépôt de bilan. Où éclatera le prochain sinistre macroéconomique ?

L'implosion de la bulle spéculative sur les marchés d'actions a mis en évidence la réalité d'un monde développé surendetté qui a « tiré des traites » sur l'aide qu'il aurait dû apporter au développement du tiers-monde, sur les retraites des générations actuelles et sur l'héritage écologique qu'il laissera aux générations futures.

Paraphrasant le physicien Niels Bohr, on peut dire qu'il est de plus en plus dangereux de faire des prédictions, surtout quand elles concernent l'avenir…

Notre seule certitude, c'est le caractère durable de ce retour au chaos. Le seul moyen pour les entreprises de retrouver la maîtrise de leur développement, c'est de libérer le talent d'improvisation de leurs collaborateurs face à l'imprévu, dans le cadre d'un projet qui leur donne le cap, et d'organiser l'apprentissage collectif par le partage des expériences acquises.

J'espère convaincre mes lecteurs, au fil de réflexions, nourries des anecdotes vécues et des observations glanées au cours de ma vie de consultant et de mes aventures de manager, que la pratique des valeurs humanistes est possible en entreprise et qu'elle est source d'efficacité dans le management.

Les entreprises privées ne sont pas responsables de nos choix de société et de leur mise en œuvre. En donnant plus d'importance à l'homme dans la conduite de leurs affaires, elles peuvent cependant jouer un rôle décisif pour restaurer la confiance dans les marchés, pérenniser leur propre développement, améliorer l'adéquation des emplois et des compétences, créer de nouveaux pôles de croissance, réduire les dommages collatéraux des investissements industriels et ouvrir la voie à un développement économique durable.

Ce livre est conçu comme un voyage initiatique permettant au lecteur, à partir de l'étude du cas d'une entreprise imaginaire, de réfléchir, sous la conduite de l'auteur, à la pratique de l'humanisme dans les entreprises, du point de vue de trois catégories d'acteurs :

- Comment les managers de tous niveaux peuvent-ils être efficaces en se comportant en humanistes ?
- Comment les dirigeants peuvent-ils s'appuyer sur une culture humaniste pour créer de la valeur ?

- Comment les représentants des actionnaires peuvent-ils organiser la gouvernance pour améliorer le dialogue entre la multitude d'hommes et de femmes qui constituent les parties prenantes de l'entreprise ?

L'ambition de l'auteur est de donner à ses lecteurs l'envie de renouer avec les valeurs humanistes et de les guider sur le chemin qu'ils auront à parcourir pour les mettre en pratique et contribuer à les promouvoir au sein des entreprises, dont ils font ou feront partie.

Partie 1

Choisir l'humanisme pour réussir

« L'homme ne naît pas homme ; il le devient. »

ERASME

N'attendez pas que les régulateurs trouvent la solution à la crise de confiance des entreprises. Demandez-vous comment y contribuer et faites le pari pascalien des valeurs humanistes en connaissance de cause. Vous obtiendrez plus de vos collaborateurs et de vos interlocuteurs, si vous les ralliez à un projet dont ils peuvent être fiers, si vous leur faites confiance et si vous leur inspirez confiance.

Qui n'a pas en mémoire la fameuse déclaration de John Kennedy *« Ne vous demandez pas ce que l'Amérique peut faire pour vous ; demandez-vous ce que vous pouvez faire pour elle »* ?

Le succès récent du livre d'Alexandre Jardin *(1+1+1)* m'a beaucoup réconforté sur l'émergence parmi nos concitoyens d'un besoin d'action, d'un esprit d'initiative locale, loin des discussions de café du commerce sur les incuries de l'État providence.

Cette même volonté d'entreprendre pour faire mieux, pour résoudre les problèmes, pour proposer de nouvelles idées ou pour diffuser les meilleures pratiques, aurait-elle déserté les managers des entreprises en crise de confiance ? Faut-il attendre le salut des régulateurs ou des comptables ? Faut-il attendre la rébellion des actionnaires et le remplacement des dirigeants ?

« Les managers de tout niveau peuvent choisir de reprendre confiance et de redonner confiance en adoptant le parti pris de l'humanisme : affirmer par ses actions la valeur de la personne humaine et contribuer à son épanouissement. »

Alain Peyrefitte a décrit, dans *La société de confiance,* les indices troublants qui laissent à penser que la culture protestante réformiste a été favorable à l'accélération du progrès économique : « *Le déclenchement se produit là où sont délibérément favorisés les comportements émancipateurs, là où sont surmontés les comportements engourdissants, là où équilibre et stabilité se trouvent et se prouvent dans le mouvement* ».

Je m'attacherai dans les pages suivantes, à travers les situations que j'ai vécues et les entreprises que j'ai fréquentées, à démontrer que les qualités des managers humanistes peuvent être mises au profit de la réussite de leur entreprise, tout en leur apportant un épanouissement personnel.

Le lecteur trouvera un fil conducteur dans le voyage initiatique des managers, des dirigeants et des administrateurs d'une entreprise imaginaire, qui apprendront à saisir les opportunités et à triompher des embûches en pratiquant l'humanisme.

Choisir sa voie

La population des managers comporte, dans bien des entreprises, autant de mégalomanes, de technocrates ou de mercenaires que d'hommes justes, bien que l'humanisme domine dans le discours. La pratique de l'humanisme n'est pas toujours le chemin le plus facile pour réussir, mais elle peut apporter l'épanouissement le plus complet. À chacun de choisir sa voie.

La pomme de Pâris

J'ai fait un rêve. Directeur associé d'Index Consulting, je réponds à l'appel d'offres de Thelematics pour sa stratégie d'entrée dans les services financiers.

« Thelematics a été fondé dix ans plus tôt par John Cinderella, ancien directeur des opérations de la société de vente par correspondance Au coin du feu. La vocation de Thelematics est d'offrir des services à distance aux particuliers, en exploitant les technologies de l'information et de la communication.

Les prestations de Thelematics ont débuté avec Agora, place de marché donnant aux particuliers le meilleur choix parmi les offres de vente à distance : du supermarché aux agences de voyages. Sa gamme de services s'est progressivement enrichie, pour couvrir l'enseignement à distance, la recherche d'emploi, les conseils juridiques et fiscaux, la télésurveillance et le détachement d'aides ménagères ou d'artisans.

Leader en France, Thelematics est devenu un acteur international grâce à une politique agressive de partenariats et d'acquisitions.

John Cinderella souhaite développer Thelematics dans le domaine des services financiers, en offrant aux particuliers un « contrat de confiance », qui leur garantisse l'accès aux meilleures offres de crédit, de placement, d'assurance et de courtage. Il a décidé de faire appel pour la première fois à un consultant et a demandé à Alain Sirius, directeur de la stratégie et du développement, d'organiser un « concours de beauté » entre les cabinets les plus réputés. Je défends les couleurs d'Index Consulting.

Après avoir mené les entretiens et les analyses préliminaires indispensables, je me présente à l'heure dite au siège de Thelematics, en compagnie de Christiane Meyer, qui devrait travailler avec moi sur le projet et qui m'a aidé à préparer la proposition.

À la fin de notre show, j'ai l'impression que l'audience est d'accord avec nos observations et qu'elle adhère à la démarche que nous proposons. Alain Sirius m'interroge sur nos expériences et paraît satisfait de mes réponses. Il demande à Christiane Meyer le rôle qu'elle jouera sur le projet, si nous sommes sélectionnés.

Cinderella met un terme à la réunion, en me demandant les coordonnées d'un client susceptible de témoigner de son expérience avec Index Consulting. Je lui téléphone le lendemain pour le mettre en relation avec l'un de mes clients les plus fidèles.

Deux jours plus tard, Cinderella me rappelle pour me communiquer la décision de Thelematics.

— Je vous ai choisi, bien que vous ne soyez pas le moins-disant et que certains de vos concurrents affichent plus de références dans votre domaine. Le témoignage de votre ancien client, dont je respecte le jugement, m'a convaincu que vous étiez digne de confiance, que vous auriez le courage de vos opinions, tout en respectant notre culture, et que vos équipiers sauraient mobiliser nos cadres pour mettre en œuvre la stratégie que nous allons choisir. Puis-je compter sur vous pour assumer jusqu'au bout la responsabilité de ce projet ?

— Oui, je m'y engage, ai-je répondu.

— Voyons nous donc la semaine prochaine avec Alain Sirius et avec Philippe Freddus, qui sera votre principal interlocuteur. »

« *Dessine-moi un manager humaniste* » me demandera sans doute un jour l'une de mes petites-filles. Je lui expliquerai que la fonction d'un manager se ramène à deux rôles essentiels :

- donner une direction collective, l'axe vertical du dessin ;
- modeler les comportements à son image, l'axe horizontal.

J'essaierai de lui faire comprendre que choisir l'humanisme, c'est s'astreindre à diriger de façon ouverte (vision d'un état futur, tension créatrice) plutôt que fermée (objectifs individuels, contrôle). C'est aussi stimuler l'apprentissage collectif par la coopération (pratique des valeurs partagées, recherche d'idées nouvelles) plutôt que d'encourager les jeux de pouvoir par son comportement (autorité hiérarchique, clientélisme).

Pour planter le décor, je lui décrirai, en haut et à droite du graphique, le portrait robot d'un manager humaniste, par contraste avec trois autres archétypes de comportement, largement aussi répandus, que nous survolerons en faisant le tour du dessin dans le sens inverse des aiguilles d'une montre.

Romulus, l'entrepreneur charismatique

Romulus est un visionnaire qui sait où il va. Il dirige en partageant sa vision avec les autres, mais il adore les jeux de pouvoir. Il se sent propriétaire de l'entreprise qu'il a fondée ou dont les actionnaires lui ont confié la responsabilité. Romulus a l'obsession de faire de son entreprise un leader sur ses marchés, un modèle d'innovation et d'efficacité redouté par ses concurrents et admiré par ses pairs. Ce chef d'entreprise, exigeant avec lui-même, est intolérant avec les médiocres ou les contestataires.

Romulus exerce le pouvoir à travers une équipe de collaborateurs conquis, quand il ne monte pas directement au créneau. Ses collaborateurs changent parfois, car il souffre de paranoïa : on est avec lui ou contre lui.

Convaincu de la sûreté de ses vues, il accepte difficilement de remettre en cause le modèle qui a fait son succès. Sa vie privée est d'ailleurs un désastre.

Brutus, le mercenaire sans scrupule

Brutus est un conquistador qui poursuit un objectif simple : s'enrichir. Il donne des instructions précises et joue sur tous les registres du pouvoir. Après une carrière brève mais brillante dans la banque d'affaires, il s'est taillé une réputation dans le redressement d'entreprises en difficulté.

À l'affût d'opportunités, Brutus est toujours prêt à se vendre au plus offrant et ne dédaignerait pas tâter d'une création d'entreprise.

Sans état d'âme, il considère, bien entendu, que la fin justifie les moyens. Il n'hésite pas à pousser du coude un collègue, à sacrifier l'un de ses collaborateurs ou à les monter les uns contre les autres.

En bon professionnel, il sait gérer les attentes de ses mandants et s'assurer que les résultats seront au rendez-vous quand il quittera l'entreprise pour de nouvelles aventures. Il ne s'embarrasse pas de l'avenir au-delà de cette limite.

Protecteur vis-à-vis de ses enfants, il n'a guère le temps de les voir. Mais il joue régulièrement au golf pour entretenir ses relations.

Crassus, le technocrate sans passion

Crassus, pur produit des élites françaises, ne rêve pas. Issu des meilleures écoles, il est parvenu à des responsabilités importantes par ses compétences techniques et son acharnement au travail. Il est fier d'avoir réussi sans compromis éthique en dépit des origines modestes de sa famille. C'est aussi un bon père de famille.

Il est prêt à coopérer avec les autres mais très pointilleux dans ses modes de direction. Concentré sur des objectifs précis, il donne des directives claires dans le domaine qu'il maîtrise et contrôle soigneusement leur application.

Conscient d'avoir besoin des autres pour atteindre ses objectifs, Crassus sait donner le bon exemple et s'investir dans la communication pour convaincre ses collaborateurs. Il veille aussi à ne pas empiéter sur les prérogatives de ses collègues.

Pourtant, ancré dans ses certitudes, il a du mal à percevoir les besoins de changement ou à appréhender de nouvelles compétences. Une crise peut le paralyser et une promotion excessive lui faire franchir son seuil d'incompétence.

Justus, l'honnête homme

Justus est attaché à la réussite de son entreprise mais ouvert sur le monde et épanoui dans sa vie personnelle. Il a des convictions, mais pas de préjugés.

Passionné de liberté, il récuse le déterminisme absolu pour donner libre cours à son libre-arbitre, tout en respectant la liberté des autres.

Il exerce le bon sens et la raison – sans pour autant dégénérer dans le scientisme technocratique – au service d'une raison d'être :

l'épanouissement de l'homme au sein de son entreprise mais aussi en général. Il montre ainsi le cap à ses collaborateurs et les incite à coopérer.

Justus est lucide. N'acceptant ni l'emprise inéluctable du péché originel, ni le mythe du bon sauvage, il garde l'équilibre entre la confiance et la vigilance. Il porte un regard serein sur les résultats de son action à l'aulne des critères qu'il s'est fixé. Il ne se laisse ni griser par le succès, ni décourager par l'échec.

Respectant les autres, il sait les valoriser. Il se préoccupe davantage de son devoir de responsabilité que de ses droits. Il rejette la désinvolture.

À l'écoute permanente des opinions des uns et des autres, il cultive la tolérance, sans se montrer complaisant. Il refuse l'excessif.

Justus a un peu de Moïse allant chercher au Sinaï la révélation des intentions divines et beaucoup de Gandhi pratiquant, au milieu de son peuple, la discipline de la confiance.

Il fait partie de la génération des « dirigeants du cinquième niveau », caractérisés par la combinaison d'une grande modestie personnelle et d'une volonté inébranlable dans la poursuite de leurs projets professionnels, dont Jim Collins a célébré les réussites dans un article de la *Harvard Business Review* : « *Level 5 leadership : the Triumph of Humility and Fierce resolve* ».

Et vous ?

Ces personnages vous rappellent-ils certains de vos interlocuteurs ?

À qui voudriez-vous ressembler ? Comment vous situez-vous ?

J'espère inciter mes lecteurs à accepter les termes d'un nouveau pari pascalien : pratiquer l'humanisme ne leur garantira pas la réussite, mais leur permettra peut-être d'être fiers de leur vie sans nuire à leur efficacité. Il n'est pas nécessaire d'être un surhomme pour y parvenir. Je suis devenu un manager humaniste en tâtonnant, sans pour autant me décourager.

Se battant pour des projets difficiles à réaliser et prenant le risque de faire confiance aux autres, l'humaniste est voué à connaître des joies et des déceptions. Mais les moments de plénitude que m'ont réservé les phases d'ascension de ma vie professionnelle valent bien l'argent facile ou les apparences éphémères du pouvoir, auxquels j'ai dû parfois renoncer.

Incarner
un projet collectif

L'argent ne suffit pas à motiver durablement ses équipes et ses partenaires. Les managers humanistes incarnent des projets qui touchent le cœur de l'homme et qui subliment l'énergie de leurs équipes. Ils peuvent, s'ils évitent les pièges de l'utopie et ceux de l'obstination, canaliser les ambitions individuelles et générer l'enthousiasme pour une ambition collective.

Naissance d'un projet

Cinderella a choisi Philippe Freddus comme sponsor du projet Thelefinance, en raison des qualifications évidentes qu'il présente pour traiter le sujet. Freddus, en tant que responsable du département Opérations d'Eurobrokers France, a en effet acquis la maîtrise des transactions financières en ligne. Il a rejoint Thelematics voici trois ans pour y prendre la direction des systèmes d'information, poste éminemment stratégique dans une société de services à distance. Je le rencontre en compagnie de John Cinderella et d'Alain Sirius, quelques jours après ma conversation téléphonique avec Cinderella.

Ce premier contact me rassure sur la disponibilité et sur la motivation de notre sponsor. Il insiste pour être activement impliqué avec Christiane Meyer dans le volet analyse des besoins et du positionnement commercial du dossier. Nous conviendrons également de constituer un comité de pilotage, qui se réunira tous les quinze jours.

Au fil des réunions, Freddus s'impose de plus en plus comme le porteur du projet. Face à Sirius, qui se cantonne dans le monde des parts de marché et des retours sur investissement, Philippe se passionne pour les anecdotes glanées par Christiane sur les mésaventures financières des personnes âgées et sur les difficultés de résidents étrangers, de familles issues de l'immigration ou d'individus illettrés mais pas forcément insolvables.

Se projetant déjà dans l'avenir, il imagine les plates-formes techniques qui pourraient supporter efficacement une gamme de prestations en grande partie sous-traitées. Il m'interroge inlassablement sur les avantages et les inconvénients de sélectionner tel ou tel établissement financier, assureur ou société de bourse comme partenaire, ainsi que sur les règles d'or d'une bonne alliance. Il réfléchit déjà à la constitution de « son » équipe.

Peu de temps avant la réunion qui doit aboutir au choix d'une stratégie parmi les options que nous avons mises en évidence, Cinderella m'invite à partager un petit-déjeuner en tête-à-tête.

— Dites-moi, Masson. Il est probable à ce stade que nous allons créer Thelefinance et il va nous falloir un patron. Je pensais initialement le recruter à l'extérieur, mais j'ai de plus en plus l'impression que Freddus s'est approprié le projet et je me demande s'il ne serait pas le meilleur candidat. Qu'en pensez-vous ?

— Cela me paraît une très bonne idée. Vous aurez besoin d'un homme de conviction comme Philippe pour aborder des partenaires qui sont en partie des concurrents. La réputation qu'il a laissée chez Eurobrokers devrait vous faciliter la tâche pour négocier un partenariat privilégié, voire davantage. Son image de directeur informatique orienté clients et soucieux de ses collaborateurs l'aidera à recruter une équipe de qualité au sein du groupe. Il devrait être assez facile d'organiser un relais au sein de la DSI.

C'est donc sans surprise que j'entends Cinderella annoncer, lors de la réunion concluant la phase de construction de la stratégie, que Philippe Freddus est chargé de créer Thelefinance. Sa tâche prioritaire sera d'engager des négociations avec Eurobrokers.

Justes causes et sublimation

Nous savons tous, depuis la publication des travaux d'Abraham Maslow, que nous sommes mus par le besoin de reconnaissance.

Ce n'est pas la perspective d'un bonus juteux qui réveille les consultants en pleine nuit pour esquisser une solution nouvelle au problème du client, qui pousse les informaticiens à faire des journées de 24 heures pour assurer la migration d'un système ou qui ramène le chef d'atelier à l'usine le week-end pour faire le point sur une opération de maintenance.

Nous avons besoin, pour être motivés, d'être fiers de nous-mêmes et des entreprises pour lesquelles nous travaillons.

La grande force des sociétés de conseil auxquelles j'ai été associé, c'est de sublimer le comportement de leurs collaborateurs en leur donnant le sentiment de participer à un grand dessein.

> **« Derrière la notion de firme, il y a l'affirmation d'une mission dans la société et d'une exigence de qualité qui pousse chaque individu à se dépasser. »**

Les rapports annuels de la plupart des entreprises s'efforcent de montrer à leurs collaborateurs comme à leurs clients qu'elles ne sont pas là uniquement pour faire du profit, mais pour innover et pour produire de la valeur plus vite et mieux que leurs concurrentes.

Au cours de ma vie de consultant, chaque projet a été pour moi bien plus qu'un contrat moral m'engageant à délivrer des résultats en échange de la rémunération de mon travail. Je les ai vécus comme des mises au défi, constamment renouvelées, de contribuer à changer un petit morceau du monde en m'appuyant sur le levier qui m'avait été confié, une invitation à repousser mes limites.

Je me souviens avec bonheur des moments forts de mes projets, comme cette journée de février 1982 où Pierre Bérégovoy, ministre de l'Économie et des Finances, a présenté le Second Marché de la Bourse de Paris à deux mille professionnels de l'entreprise et de la finance, salle Pleyel.

La fierté de notre équipe, en voyant défiler les diapositives que nous avions préparées, alternant graphiques de consultant et dessins humoristiques commentés par Claude Piéplu, pour présenter l'ambition et le mode d'emploi de ce nouveau marché financier, a été ma plus belle récompense. Nous savourions tous ce point culminant de plusieurs mois d'étude et de travail de conviction pour aligner les points de vue des acteurs concernés. J'ai eu une pensée pour Marvin Bower, cofondateur et architecte de McKinsey, qui incarne, pour tous les partenaires de la firme, le modèle du professionnalisme et l'ambition partagée de laisser notre empreinte chez nos clients.

Les meilleurs dirigeants, comme Marvin Bower ou Jack Welch chez General Electric, ont passé l'essentiel de leur carrière à sillonner le monde pour partager leurs valeurs et entretenir, à travers leur discours et leurs actions de terrain, cette flamme chez leurs collaborateurs, pour en faire les complices de la réalisation d'un idéal commun.

Même des entreprises opérant dans des métiers a priori moins stimulants parviennent à sublimer l'énergie de leurs collaborateurs grâce à la culture créée par leurs dirigeants : Sodhexo ou Mac

Donald dans la restauration de masse ; Carrefour dans la distribution alimentaire.

Ambition collective et ambitions personnelles

La vie des entreprises est souvent polluée par les ambitions personnelles. Les sociologues aiment analyser l'organisation des entreprises comme un jeu de pouvoirs. Mais je me refuse à réduire la compréhension de l'entreprise à cette dimension politicienne. Je crois profondément que l'être humain a une parcelle de rationalité, une sensibilité émotionnelle et qu'il est capable de désintéressement.

J'ai observé de façon répétitive l'effondrement des échafaudages de carrière de collègues ou de clients arrivistes et la déconfiture des firmes qui font de l'arrivisme une culture d'entreprise.

J'adhère pleinement au message qu'Edmond Malinvaud avait adressé aux jeunes administrateurs de l'INSEE : passionnez-vous pour votre métier et la réussite sera tôt ou tard au rendez-vous. J'ai suivi cette ligne de conduite tout au long de ma carrière, me battant de toutes mes forces pour les projets dont j'étais porteur, sans me soucier de ma position hiérarchique ou de mon pouvoir personnel, car je trouvais mon épanouissement dans l'effort. La vie m'a récompensé en me donnant de ne jamais m'ennuyer.

J'observe que les leaders qui réussissent durablement à la tête d'une entreprise font toujours passer l'intérêt collectif avant leur intérêt particulier. C'était d'ailleurs inscrit dans la culture de McKinsey : donner la priorité à ce qui est bon pour le client (à ne pas confondre avec de la complaisance) ; préserver les intérêts de la firme ensuite ; faire valoir son intérêt individuel en dernier.

Cela ne signifie pas pour autant que le manager doit être désintéressé financièrement des performances de son entreprise.

Je crois, de manière générale, que l'idée de salaire fixe pour les employés, et encore plus pour les managers, est fondée sur un postulat périmé de l'économie libérale classique : les capitalistes assument les risques et empochent les profits ; ils assurent en échange protection et rémunération aux salariés. Ce mythe, combiné avec l'action des syndicats et l'égalitarisme viscéral des Français, a conduit dans notre pays à une absurde rigidité des rémunérations. Le partage des fruits de l'expansion aurait dû avoir pour contrepartie celui des restes de la récession.

Quelle entreprise peut prétendre aujourd'hui assurer l'emploi à vie ? Ne vaudrait-il pas mieux admettre que le statut de salarié est un emploi à risque, une forme de partenariat dans laquelle chaque collaborateur partage une partie des bénéfices et une partie des risques à l'aulne de ses moyens et de sa contribution ? Le développement des rémunérations variables et des plans d'épargne d'entreprise va dans ce sens. Nous y reviendrons.

Ambition et utopie

> **« Le manager humaniste doit donner de l'ambition à ses collaborateurs, sans tomber dans l'utopie. »**

Les rêves brisés de Worldcom, de Vivendi Universal, voire ceux de France Telecom et peut-être d'EDF illustrent combien il est facile de se laisser piéger par des miroirs aux alouettes.

Le risque de se laisser aller à l'illusion collective est amplifié par les comportements d'imitation, par l'oubli freudien des règles financières et comptables les plus élémentaires et par le rôle amplificateur des médias.

Le piège des habitudes grégaires a été mis en évidence, il y a fort longtemps, par les économistes, avec l'exemple fameux du cycle de la production de porc : que les prix montent et les paysans se précipitent pour élever des porcs ; ils font tomber les prix jusqu'à ce que la ruine ou le découragement de la plupart d'entre eux raréfie l'offre au point de faire rebondir les prix ; un nouveau cycle est ainsi relancé.

Les banquiers sont tombés plus d'une fois dans le piège de l'imitation : puisque nos concurrents se lancent dans les prêts aux pays en développement, nous devons y aller. On connaît le résultat de cette ruée des années 1970-1980. Bon nombre n'ont pourtant pas hésité à recommencer avec les activités de marché ou la banque d'affaires.

J'ai connu une banque de taille modeste qui s'est détruite en prenant des risques démesurés dans le négoce international, en faisant l'acquisition au prix fort d'un courtier au plus haut du cycle boursier et en spéculant sur la hausse des marchés, à la veille du krach d'octobre 1987.

Que dire de la grande illusion de la nouvelle économie, dans laquelle nous nous sommes tous engouffrés, entre le crépuscule des années 1990 et l'aube des années 2000 ?

Les opinions publiques, à la recherche d'une part de rêve bien difficile à trouver dans un environnement morose, ont cru découvrir dans l'Internet – au demeurant riche d'immenses opportunités de progrès dans nos modes de vie et de transformation de nos modes de travail – un nouvel Eldorado qui nous affranchirait du chômage et des réalités financières pour nous faire entrer dans le monde de la croissance éternelle.

Les experts les plus distingués s'accordaient à encourager des financiers richissimes sur le papier ou peu scrupuleux des deniers de leurs épargnants dans le financement de projets conçus à la hâte par de jeunes entrepreneurs, alléchés par une fortune facile. On se serait cru revenu à la folie collective du système de Law qui a failli ruiner la France deux siècles plus tôt !

Quelques nouveaux venus, bâtis sur des fondations solides – comme Amazon –, et certains groupes qui ont su aborder l'Internet avec prudence ont tiré leur épingle du jeu après l'éclatement de la bulle Internet.

Mais que de destruction de valeur et de dégâts humains pour avoir perdu, dans des moments d'euphorie, les règles de bon sens élémentaire qu'aimait nous rappeler le professeur Maurice Allais : la preuve (en économie) que les arbres ne montent pas au ciel, c'est qu'un centime d'or placé à 3 % l'an par un épargnant égyptien prévoyant, au IIe millénaire av. J.-C., aurait laissé à ses lointains descendants actuels une fortune de plusieurs milliards de fois le poids du soleil en or…

Persévérance et obstination

L'accomplissement de grandes ambitions demande de la persévérance, tant pour capitaliser sur les succès que pour faire, comme l'a dit Chamfort, de chaque échec un pas vers le succès, grâce à notre processus d'apprentissage.

Mais la persévérance excessive tourne à l'obstination. L'acharnement n'est pas l'apanage de la thérapeutique. On en retrouve les méfaits dans les entreprises, par exemple chez les managers en fin de mandat ou de carrière qui ne savent pas décrocher, qui ne songent pas à passer la main et à préparer leur succession.

J'ai vu les ravages de l'obstination chez certains de mes clients, tel ce patron d'un grand magasin qui possédait une filiale de crédit obsolète dans son offre et dans ses méthodes de vente et dont certains produits constituaient un véritable abus de confiance vis-à-vis des consommateurs. Nous lui avons recommandé d'en confier la gestion à un professionnel de ce métier, plutôt que de s'atteler à un plan de redressement : il était urgent de transformer radicalement le portefeuille d'offres financières pour contribuer à la modernisation de l'image de l'entreprise et il aurait dû consacrer toute son énergie à des chantiers autrement prioritaires dans son cœur de métier. Rien n'y fit. Il réussit à restaurer la rentabilité de sa filiale, mais dut se résoudre à céder l'ensemble de son entreprise quelques années plus tard.

Les consultants sont souvent victimes d'obstination, lorsqu'ils ne perçoivent pas les signes de fatigue du client, qui finira tôt ou tard par les rejeter pour reprendre leur liberté.

> **« En entreprise comme sur scène, il faut savoir réussir sa sortie, en se préoccupant de sa réputation, mais surtout de l'héritage que l'on laisse derrière soi. »**

Rapidité et précipitation

La mobilisation d'une équipe autour d'un projet ne résiste pas longtemps à l'absence de résultats tangibles. Mais le pilotage à marche forcée épuise les énergies et multiplie les risques.

J'ai accompagné pendant quelques années la transformation d'une société d'assurance, spécialisée dans un créneau porteur. Son président, recruté à l'extérieur par le fondateur, en a pris les rênes peu après son arrivée, avec l'ambition d'un changement d'échelle et d'une transformation profonde de l'organisation et des systèmes d'information. Mais il a eu la sagesse de donner du temps au temps.

Une première intervention nous a permis de diminuer les résiliations de contrat, en constituant un centre de traitement des demandes, confié à des agents administratifs qui s'étaient reconvertis au service de la clientèle et qui étaient équipés de postes de travail leur donnant accès instantanément à toutes les informations pertinentes.

Ce projet, aux ambitions apparemment modestes, a demandé plus de deux ans pour produire ses résultats. Ce qui a pris du temps, c'est bien entendu le rodage de quelques technologies nouvelles, c'est encore plus la sélection et la formation des gestionnaires de dossiers et la mise en place des moyens nécessaires pour ne pas dégrader la qualité du service pendant la période de transition ; mais c'est surtout l'apprentissage de la coopération entre le siège et les agents du réseau.

Fort de ce premier succès, j'ai convaincu mon client de lancer un programme d'accélération des ventes par la segmentation des approches commerciales et la dissémination des meilleures pratiques. Nous avons dû nous rendre à l'évidence : le réseau n'était pas préparé à cette révolution culturelle. Il a fallu plusieurs années pour que le renouvellement de l'encadrement et l'enrichissement du système d'information sur les clients permettent à ce projet d'aboutir.

Curiosité et concentration

L'action revendique une concentration permanente vers un but clairement identifié, une vision holistique de tous les tenants et aboutissants d'un projet et la capacité d'oublier complètement le reste du monde pour appliquer la totalité de son énergie à la prochaine étape.

La créativité naît d'une veille active au fil des lectures, des voyages, des rencontres inopinées, des expériences inattendues, du hasard des discussions de groupe.

> **« La créativité ne se dicte pas, elle s'entretient. »**

Les consultants savent bien qu'une bonne gestion de réunion implique de distinguer des périodes d'ouverture – découverte de la situation et génération d'idées – et des périodes de fermeture – décisions et plans d'action.

Le manager humaniste doit trouver un équilibre dans la gestion de son emploi du temps et de ses priorités entre ces deux impératifs : apprendre à se créer des espaces de réflexion et de créativité pour se donner l'opportunité de tirer parti des tendances émergentes et ne pas conduire « le nez sur le guidon », sans pour autant tomber dans le dilettantisme.

Dans les marchés volatils et difficiles qui s'annoncent pour cette première décennie du XXIe siècle, seules survivront les entreprises dont les managers sauront éviter la gestion de crise permanente, tout en évitant de tomber dans un puit en scrutant le ciel (de l'avenir), comme l'astronome de La Fontaine.

Faire confiance

Nous avons tous besoin d'être mis en confiance pour exprimer notre potentiel. Les managers humanistes exploitent le pouvoir de la confiance pour tirer le meilleur parti de leurs interlocuteurs, à condition de rester lucides. Ils savent comment libérer les capacités d'initiative de leurs équipes et collaborer pour innover.

Mariage à l'essai

Quelques semaines plus tard, Philippe Freddus organise un déjeuner entre John Cinderella et Georgio Schwab, le PD-G d'Eurobrokers. Cinderella expose à Schwab ses ambitions dans les services financiers et lui vante les avantages que pourrait présenter un partenariat pour les deux parties.

— Écoutez John, lui répond Schwab sans détour. J'ai suivi avec intérêt la naissance et la croissance de Thelematics. Je connais bien Philippe Freddus et je sais que je peux m'expliquer ici en toute confiance. Sachez que je suis en discussion avec les actionnaires historiques d'Eurobrokers, des investisseurs institutionnels, qui souhaitent sortir du capital. Pourquoi ne pas envisager que Thelematics rachète leurs parts et prenne le contrôle d'Eurobrokers ? Je n'ai pas envie de prendre ma retraite, mais je suis sûr que nous pourrons trouver une solution pour ma situation personnelle comme pour les membres de mon équipe de direction.

Le déjeuner se conclut par la décision de confier à Index Consulting une étude confidentielle sur la faisabilité d'une acquisition d'Eurobrokers par Thelematics et d'une fusion entre les deux structures.

Six semaines plus tard, je retrouve avec Christiane Meyer les protagonistes de ce déjeuner pour examiner nos conclusions. Les synergies sont évidentes en termes de clientèle et de pouvoir de négociation avec les fournisseurs et les sous-traitants. Le business model de l'ensemble combiné a bonne allure et la valorisation d'Eurobrokers devrait être compatible avec les moyens financiers de Thelematics. Les grandes inconnues résident dans la compatibilité entre les systèmes informatiques et l'harmonie entre les équipes.

— Que nous conseillez-vous de faire ? m'interpellent Cinderella et Schwab à l'unisson.

— Les meilleures fusions sont celles où les dirigeants mettent des équipes mixtes en situation de gagner des affaires ensemble avant même que le mariage ne soit officiel ; la démonstration des synergies par l'exemple est plus convaincante que les discours et l'expérimentation de la vie commune permet de désamorcer bien des appréhensions.

— *Que pourrions-nous faire en pratique ? reviennent à la charge mes deux clients.*

— *Vous pourriez désigner un tandem de cadres des deux maisons que vous chargeriez de construire une offre pilote, embryon du futur contrat de confiance que le nouvel ensemble proposera à ses clients. Ils devraient parvenir à monter une interface informatique compatible avec les deux systèmes et tester l'offre sur un échantillon de clients. Vous devez choisir des individus entreprenants, ouverts, discrets et capables de se débrouiller seuls, car vous n'avez pas droit à l'erreur.*

L'équipe de cobayes est constituée la semaine suivante. Elle est formée de Justine Delta, qui a succédé à Philippe Freddus au département Opérations d'Eurobrokers France, et de Thomas Kaas, brillant chargé de mission à la DSI de Thelematics, avec l'assistance de Christiane Meyer.

Au bout de trois mois de travail, l'équipe revient avec de bonnes nouvelles.

— *Il m'a été relativement facile de combiner les systèmes d'information, en construisant une interface exploitant le système d'Eurobrokers, pour le traitement et la comptabilisation des transactions, et celui de Thelematics, pour l'interaction avec les clients, explique Thomas Kaas.*

— *Non seulement 20 % de l'échantillon test de clients Thelematics ont souscrit à Confiance-Theleplacements, produit d'épargne pilote que j'ai conçu avec Christiane, mais l'équipe a trouvé l'opportunité de promouvoir cette offre auprès des 200 000 intérimaires de Peopleforce, importante société de travail temporaire, annonce triomphalement Justine Delta. L'un de ses cadres, client de Thelematics, a spontanément proposé lors du test d'organiser un contact à cet effet.*

Cinderella et Schwab se regardent.

— Qui est votre banque conseil ? demande le fondateur de Thelematics.

— Que penseriez-vous de moi comme vice-président du Conseil d'administration ? réplique le PD-G d'Eurobrokers.

Le pouvoir de la confiance

Lorsque j'ai débarqué à New York avec mon épouse et nos enfants, en 1970, pour rejoindre le Sloan Fellows Programme du MIT à Cambridge, j'ignorais que l'enseignement le plus important de ce séjour en *business school* serait l'apprentissage de la confiance.

J'ai certes beaucoup appris des théories de Peter Drucker, d'Edgar Schein ou de James March sur le comportement des organisations, de la confrontation des concepts aux études de cas et de la place donnée aux discussions et aux jeux de rôles. Mais j'ai surtout fait l'apprentissage de l'amitié et du travail en équipe au sein d'un groupe de managers aussi hétérogènes par leur âge et par leur métier que par leur culture nationale.

J'ai découvert dans la vie quotidienne, avec les petits boulots des adolescents – baby-sitters ou jardiniers, le covoiturage qui supplée aux déficiences des transports en commun et la floraison d'initiatives communautaires, la richesse du melting-pot américain et de sa culture entrepreneuriale.

Mûri, je comprendrai plus tard ce qui fait la force du peuple américain : faire confiance a priori, tant aux autres qu'à soi-même, quitte à tirer très vite les conclusions d'une expérience décevante.

J'ai été émerveillé, tout au long de ma carrière de consultant, comme dans mes rôles de management, par l'extraordinaire capacité d'innovation et d'initiative des êtres humains, quand on leur fait confiance et qu'on les met en confiance.

J'ai mené un grand nombre de projets de réduction de coût et d'amélioration des performances, dans des situations économiques et des contextes sociaux parfois très difficiles. Quel bonheur de voir des hommes et des femmes de terrain émerger de leur routine pour proposer des solutions créatives aux problèmes de l'entreprise dans leur domaine de compétence.

Combien de fois ai-je vu des chefs de service, réputés pour leur comportement défensif, changer radicalement d'attitude dès lors qu'ils étaient mis en situation d'exposer leurs problèmes et leurs réalisations, de comprendre ce qu'ils coûtaient et ce qu'ils rapportaient et d'être sollicités personnellement par la direction générale pour aider l'entreprise à améliorer ses performances.

J'ai même pu travailler à plusieurs reprises la main dans la main avec les organisations syndicales : pour convaincre, par exemple, les ouvriers d'une usine au bord de la fermeture du bien fondé de notre plan de sauvetage ; ou pour mobiliser l'ensemble du personnel de la filiale étrangère d'une banque française dans la conception du programme d'amélioration des performances.

L'ouverture d'un dialogue sur la nécessité, difficilement contestable, d'un redressement et l'engagement clair de la direction dans un programme de reconversion interne et d'aide au départ ont suffi, dans chacun de ces cas, à modifier radicalement l'attitude des syndicats et à obtenir leur soutien.

Mais la confiance n'est pas seulement nécessaire pour faire face aux crises. Elle est indispensable à la bonne marche des entreprises, en particulier des grandes entreprises dont la complexité rend pratiquement impossible une gestion centralisée.

> **« Le rôle essentiel du manager est peut-être d'établir avec ses collaborateurs et entre ses collaborateurs une relation de confiance. »**

Les ingrédients en sont connus :

- être sur le terrain et favoriser les rencontres pour créer l'intimité ;
- respecter et inspirer le respect ;
- réduire le risque perçu dans les relations en établissant des règles de jeu claires et stables. Nous en parlerons à propos de culture d'entreprise et de gouvernance.

L'INSEAD a publié un excellent cas montrant comment les succès de Bonaparte ont été bâtis sur ces principes et comment Napoléon a été à sa perte en les enfreignant l'un après l'autre.

Libérer les capacités d'initiative

La liberté dans l'entreprise se vit d'abord au quotidien.

Une grande banque, avec laquelle j'ai beaucoup travaillé, noyait ses agences sous un flot continu de plusieurs centaines de pages d'instructions par mois. Ses dirigeants s'étonnaient d'être en retard sur leurs concurrents en matière d'innovation et d'initiative locale !

> **« Les managers méfiants enferment leurs collaborateurs dans un carcan de politiques et de procédures d'approbation. »**

Le contrôle de gestion peut être la meilleure et la pire des choses. Hautement nécessaire pour suivre la marche économique de l'entreprise et pour maîtriser les risques, il peut aussi dégénérer en « usine à gaz » comptable, consommatrice d'énergie, pour pro-duire des milliers de chiffres précis et inutiles. Il en va de même des procédures de planification, de budgétisation et de *reporting*.

Après l'abandon des grands plans nationaux d'après-guerre, les entreprises que j'ai fréquentées ont découvert peu à peu les limites du déterminisme, mais elles continuent à s'adonner au rite des budgets annuels et du reporting trimestriel, surtout s'il s'agit d'entreprises cotées.

Il faut, bien entendu, que le management donne des orientations, des aspirations et des objectifs à ses collaborateurs, en particulier lorsque l'évolution de l'environnement s'accélère. Il faut aussi qu'il noue le dialogue avec les collaborateurs pour les engager dans la réalisation, les soutenir dans la mise en œuvre et redéfinir les objectifs, si nécessaire.

La supériorité du manager humaniste est de discerner l'accessoire de l'essentiel et de faire confiance à ses collaborateurs en appliquant, plutôt que de déléguer sélectivement, le principe de subsidiarité, c'est-à-dire de responsabilisation de ceux qui ont le contact direct avec clients, fournisseurs ou employés, et d'intervention par exception. Il ne se montre pas pour autant laxiste vis-à-vis des comportements malhonnêtes ou stupides.

Le contrôle des frais constitue un bon baromètre de la liberté d'initiative, au sein d'une équipe ou d'une d'entreprise.

Ce fut l'une de mes premières découvertes chez McKinsey. Chacun d'entre nous était responsable de sa gestion, en s'appuyant sur une bonne information en ce qui concerne les coûts (transport, communication, reproduction, etc.) et sur une règle de bon sens : ne jamais engager de frais que vous ne pourriez pas justifier auprès de votre client.

Je me souviens même d'avoir été rappelé à l'ordre par un chef de projet, pour avoir perdu du temps à prendre le métro alors que j'aurais pu consacrer une demi-heure de plus à notre client en prenant un taxi. Et je n'ai jamais eu la tentation d'abuser le système, comme y sont réduits bien des salariés dans des entreprises bureaucratiques plus soupçonneuses.

Collaborer pour innover

Les théoriciens de l'innovation considèrent qu'elle peut provenir de trois sources : le génie, la chance et la collaboration.

Le génie est bien difficile à acquérir, et les idées les plus créatives ne peuvent produire des innovations que si elles sont appropriées par une collectivité plus large, capable de les améliorer et de les mettre en œuvre.

La chance est toujours la bienvenue, voire nécessaire. Mais les grandes et petites découvertes ne prennent forme que si le hasard d'une expérience croise la route d'hommes ou de femmes qui en percevront l'application possible au service de l'ambition qu'ils poursuivent. Reste la collaboration.

> « la capacité d'innovation d'un réseau d'intelligences collaborant pour résoudre un même problème au service d'une ambition partagée est infiniment supérieure à la somme des capacités individuelles. »

J'ai eu la chance de participer avec quelques collègues à la création de la première pratique internationale de McKinsey, dans le domaine de la banque et des institutions financières. Je me souviens de la vitesse à laquelle nous avons pu faire progresser nos points de vue sur la (première) crise de la dette du tiers-monde, la dérégulation des marchés financiers ou la concurrence entre banques et compagnies d'assurance. J'ai en mémoire les bénéfices que nous en avons retiré en confrontant ces points de vue avec l'expérience de nos équipes pour apporter des solutions innovantes en matière de stratégie ou d'organisation à nos clients.

Cette expérience s'est poursuivie chez Gemini Consulting et Cap Gemini Ernst & Young, où j'ai eu le privilège d'animer la communauté internationale des consultants en stratégie et transformation d'entreprise et de travailler avec les centres de recherche et les partenaires universitaires associés à notre réseau d'innovation.

Le fondement de cette collaboration réside dans la confiance : la confiance dans sa capacité contributive, puisqu'on a été coopté par des pairs que l'on respecte, et la confiance dans le comportement des autres, dans leur volonté de faire progresser la communauté à laquelle on appartient, sans se préoccuper d'abord de détourner à leur profit les idées ou les initiatives.

L'innovation en réseau est aujourd'hui une pratique communément admise dans les entreprises internationales.

Le manager humaniste doit garder en tête ses deux piliers : la liberté d'expression et l'incitation à la collaboration. L'administration française est un exemple flagrant d'une relative liberté d'expression qui a beaucoup de mal à passer à l'acte, pour cause d'organisation parcellisée et de lutte de pouvoirs.

Le préalable de la compréhension

Faire confiance nécessite un effort préalable de compréhension. Les avatars de bien des projets informatiques constituent une parfaite illustration des méfaits de l'incompréhension.

> « L'interrogation socratique "Connais-toi toi-même" doit être étendue à la compréhension des autres. »

Après une période de règne sans partage de directions informatiques toutes puissantes, il a bien fallu se rendre à l'évidence : les utilisateurs n'aiment pas qu'on leur dicte ce qui est bon pour eux. Ils traînent des pieds pour se servir des systèmes qu'ils ne se sont pas appropriés. Ils recourent à des solutions bricolées et retournent souvent à leurs vieilles habitudes. Explosés, dès lors, les calendriers et les budgets et envolés les gains mirobolants sur le papier !

Pire, les utilisateurs sont toujours pressés et ne savent pas vraiment ce qu'ils veulent, parce qu'il leur faut d'abord tester et expérimenter. Et le coup de grâce vient avec la nécessité de connecter les systèmes avec d'autres entreprises et de les ouvrir sur le Web, tout en préservant la loi et les politiques internes en matière de confidentialité et de protection des données ! La situation tourne alors au cauchemar pour les informaticiens, garants de l'intégrité des systèmes et pour la direction générale, responsable ultime du budget et arbitre des priorités.

Le progrès des technologies ouvertes et des méthodes de conception d'architecture et de développement de systèmes permet en principe d'éviter ces écueils. Encore faut-il que les parties prenantes fassent l'effort de se mettre à la place des autres.

Confiance et laxisme

Toute vertu recèle un vice caché.

La confiance sans vigilance dégénère en laxisme. J'en ai fait la douloureuse expérience en quittant l'univers privilégié de McKinsey pour prendre la direction des opérations d'une banque d'affaires en pleine déconfiture.

La pratique des remboursements de frais y était proprement scandaleuse. Il me fallut des mois pour y remédier, en instaurant un minimum de procédure d'approbation. Restait l'épineux problème de la somptueuse salle à manger de direction. Elle n'avait rien à envier aux meilleures tables parisiennes, mais elle restait, selon les jours, désespérément vide ou notoirement sous-occupée. Je proposai un choix à l'équipe de direction : ou bien nous fermions la salle à manger, ou bien nous l'agrandissions pour satisfaire la totalité des besoins de réception de nos dirigeants et de nos commerciaux. Nous décidâmes d'une seule voix de supprimer les repas d'affaires à l'extérieur et d'exploiter la salle à manger. Quelques mois plus tard, les commerciaux trouvèrent toute sorte de prétexte pour inviter leurs clients et partenaires à l'extérieur et reprirent leurs mauvaises habitudes, sans que je puisse m'y opposer. La salle à manger fut fermée, son personnel licencié et les investissements passés en pertes et profits dix-huit mois plus tard.

> **« La loi de Gresham de la culture, c'est que la mauvaise culture chasse toujours la bonne, si le management n'y met pas quelques garde-fous. »**

Le principe de précaution

Personne n'étant parfaitement pur et infaillible et toute population comptant une proportion plus ou moins importante de brebis égarées, la vigilance est le corollaire indispensable de la confiance.

Le président et le directeur général de cette même banque avaient gardé des périodes fastes l'habitude d'octroyer de généreux bonus à leur discrétion. C'était plutôt affaire de relations affectives ou de négociations individuelles que le produit de règles de jeu objectives et affichables. Ayant décidé de mettre de l'ordre, j'engageai un consultant réputé pour construire un système de rémunération, en commençant dans un premier temps par notre équipe de crédit-bail. Critères savamment calculés pour refléter les objectifs de croissance, de rentabilité et de maîtrise des risques de la banque, niveaux étalonnés par rapport au marché : nous avions de quoi être fiers du travail accompli en lançant le premier cycle du nouveau système quelques mois plus tard.

Qu'advint-il ? Nos brillants spécialistes du leasing trouvèrent naturellement la martingale pour détourner le système et je me retrouvai à la fin de l'année suivante face à notre équipe pour lui donner le choix entre empocher un bonus pharamineux, en guise d'indemnité de départ, ou renégocier.

> **« Il faut toujours anticiper les dérives possibles du comportement et limiter ses risques. »**

Les bons managers savent que, même dans une entreprise au quotient moral beaucoup plus élevé, il faut éviter de créer des tentations. C'est ainsi que le président d'une grande entreprise pourtant réputée pour sa morale chrétienne a fait appel à un consultant pour choisir objectivement le meilleur successeur.

Même donnée à des mandataires irréprochables, la confiance aveugle est dangereuse. Combien de managers ont payé de leur carrière d'avoir perdu de vue la différence entre responsabiliser, en préservant l'option d'intervenir, et laisser faire ? D'avoir sous-estimé les risques qu'ils prenaient en confiant sans condition un projet à un collaborateur digne de confiance ?

Comment éviter que le manque de temps et la confiance que nous avons dans certains amis, voire certains médias, nous fasse prendre leurs idées pour argent comptant et rentrer dans la valse de la pensée conformiste ?

Continuons à pratiquer le doute méthodique en toute circonstance et ne laissons jamais la confiance endormir notre esprit critique.

Inspirer confiance

La confiance est un phénomène réciproque. Les managers humanistes inspirent confiance parce qu'ils sont fiables, honnêtes, courageux et altruistes. Ils obtiennent l'adhésion par la pratique de la tolérance sans laxisme et le sens de l'humour. Ils savent combiner une saine anxiété et une profonde sérénité. Ils résistent à l'épreuve du temps grâce à leur modestie.

L'épreuve du feu

Trois années ont passé depuis que Thelematics a fait l'acquisition d'Eurobrokers. L'intégration des équipes s'est bien déroulée et le contrat de confiance de Thelefinance a été plébiscité par près de 500 000 clients. D'autres acquisitions se sont révélées catastrophiques, comme celle de Vegas Games aux États-Unis. Mumbaï Services, start-up indienne, commence à détourner des clients de Thelematics en Europe et aux États-Unis, avec ses prestations « à la demande », proposées sans abonnement et à un prix avantageux. De plus, les effectifs du siège social ont doublé.

Cinderella m'appelle à la rescousse :

— Nous sommes sur le point de passer dans le rouge pour la première fois depuis dix ans. Vous allez nous aider à lancer un programme de redressement. Je vous présente Alex Ruck, directeur administratif et financier du Centre de services de Niort, qui sera responsable du projet. Il nous faut un nom.

Son regard s'arrête sur le repas diététique que son assistante a déposé sur son bureau.

— Slimfast ! Nous baptiserons notre programme « Slimfast » pour que tout le monde comprenne que l'heure de l'austérité est venue.

Deux mois de diagnostic plus tard, les priorités sont évidentes : (1) renégocier systématiquement tous les accords de fourniture et de sous-traitance ; (2) fermer deux centres d'appel sur trois en France pour tout concentrer sur Niort ; (3) créer un centre de back-up et de gestion des pointes de trafic dans un pays d'Afrique du Nord ; (4) réduire les effectifs du siège de 30 à 50 %, en redéployant un maximum de fonctions centrales dans les filiales opérationnelles et (5) mettre Video Games en vente.

Cinderella accuse le choc en écoutant Ruck exposer le plan d'action qu'il propose d'engager avec l'insouciance d'un homme qui n'a pas vécu ou côtoyé la souffrance. Il m'appelle le lendemain. Il s'agit cette fois d'une invitation à dîner, chez lui.

— Voulez-vous rejoindre Thelematics ? me demande-t-il au dessert. J'ai besoin d'un homme comme vous pour remettre de l'ordre dans la maison sans faire de vagues. Il faut guider Alex *pour que le programme Slimfast réussisse. Je vous recrute comme directeur général délégué et vous vous chargerez, au sein du Comité exécutif, de la finance, des ressources humaines, de l'informatique et de notre réseau de centres d'appel.*

Je suis tenté par l'aventure, mais je demande à rencontrer deux personnes avant de prendre ma décision : Pierre Montaigne, DRH de Thelematics France, et René Krasuski, délégué syndical. J'évoque avec l'un et l'autre le plan social qu'il va falloir monter en France pour mener à bien l'opération Slimfast. J'explique à chacun que je verrai personnellement tous les cadres susceptibles d'être touchés par un licenciement économique et que Montaigne fera de même avec les autres collaborateurs. Je précise que nous nous appuierons sur un cabinet de replacement pour faciliter les reclassements et que nous ferons appel à un organisme spécialisé pour reconvertir, au moins partiellement, les sites condamnés. Je termine ma conversation avec Krasuski en posant mes conditions.

— Je jouerai cartes sur table avec vous et je compte sur vous pour ne pas saborder la restructuration indispensable, afin que Thelematics reparte sur des bases saines. Puisque, tout en restant vigilant, vous comprenez qu'il ne serait pas de l'intérêt des salariés de vous opposer aux actions prévues par la direction dans le cadre de Slimfast, j'espère que vous nous aiderez à faire passer ce message aux collaborateurs de Thelematics France.

Les salariés du groupe reçoivent quelques jours plus tard une invitation de l'intersyndicale à découvrir « pour s'informer » l'exposition Slimfast, que j'organise avec Alex Ruck au siège social pour les collaborateurs des fonctions centrales et des filiales commerciales et à Niort pour ceux (et celles) des centres de service.

C'est ainsi que je passe du statut de consultant à celui de manager.

Le sens des responsabilités

L'un de mes souvenirs les plus forts est ce jour où, PD-G d'une société de conseil, je venais d'être limogé par les actionnaires, qui reprenaient en mains l'affaire pour la vendre. Le secrétaire du Comité d'entreprise est entré dans mon bureau pour me remercier de la manière dont j'avais mené les licenciements économiques, auxquels j'avais dû me résoudre, au sein d'une division en perte de vitesse.

C'était l'aboutissement d'un long et douloureux apprentissage de la gestion des restructurations.

> **« Les restructurations sont des moments de vérité où les managers ne peuvent garder la confiance de leurs équipes qu'en prenant leurs responsabilités et en manifestant un réel respect pour leurs collaborateurs. »**

Le voyage initiatique avait débuté à Londres, en 1979, dans la salle du conseil d'administration d'une grande banque européenne. Consultant rationaliste, j'avais expliqué au futur chancelier de la Banque d'Angleterre, sans trop de considérations humanistes, pourquoi il devait se séparer de la moitié de ses effectifs en Belgique – une rupture avec la politique paternaliste de la banque. Plus tard, je serais associé à la restructuration de la sidérurgie et à celle de la machine-outil ainsi qu'au sauvetage de banques, de sociétés d'assurance ou d'implantations industrielles en difficulté. J'apprendrais à comprendre la souffrance des salariés, à me battre pour limiter les dégâts humains et à nouer le dialogue avec les organisations syndicales.

Mais le vrai baptême du feu a eu lieu pendant ma brève expérience de banquier, où il a fallu tailler dans les effectifs pour éviter la faillite. J'ai encore en mémoire les sanglots des cadres auxquels j'expliquais la nécessité du départ – sachant qu'ils payaient en partie les pots cassés de la mégalomanie et du laxisme des dirigeants –, tout en essayant de préserver au mieux leurs chances de survie économique.

Je revois souvent les visages stupéfaits et fatalistes du personnel d'une succursale étrangère, que j'avais rassemblé, à ma première et unique visite, pour annoncer la fermeture. Et je conserve précieusement le souvenir de nos petites victoires, comme la vingtaine d'emplois préservés par l'*outsourcing* d'un site informatique.

Les managers qui s'abritent dans ces moments difficiles derrière la hiérarchie ou les actionnaires, ou qui délèguent à d'autres l'accomplissement des basses besognes plutôt que d'affronter le dialogue, s'exposent à perdre pour toujours le respect de leurs équipes.

L'honnêteté

Comment faire pour ne pas révéler un plan de restructuration ou un projet de fusion, dont la divulgation prématurée signerait l'échec, sans trahir ses collaborateurs ? Comment mener à bien un projet confidentiel en respectant les intérêts du client ?

> **« L'honnêteté du manager est constamment mise à l'épreuve. Le devoir de transparence rentre souvent en conflit avec le devoir de réserve. »**

Je n'ai pas d'autre solution à proposer que de réfléchir en son âme et conscience à ceux et celles qui ont besoin d'être informés et à qui l'on peut faire confiance et à ce qu'ils doivent légitimement savoir, à un moment donné. Avant de passer à l'acte, j'ai toujours validé mon intime conviction en vérifiant que j'étais prêt à expliquer ce que je faisais à tout interlocuteur.

Les conflits d'intérêts placent parfois le manager dans des situations cornéliennes. Comment réagir à la demande d'un client qui pourrait nuire aux intérêts d'un autre client ? Comment réagir face à un collègue ou un collaborateur commettant une erreur grave ou une faute professionnelle ? Face à des symptômes de corruption ?

J'ai, pour ma part, toujours fait passer les engagements passés et l'intérêt général avant les impératifs du moment et les intérêts particuliers, mais jamais au prix de briser des vies ou de ruiner une entreprise.

L'épreuve la plus difficile est survenue le jour où le stock de chèques-restaurant a été dérobé dans le coffre du service comptable de ma société. D'enregistrements de passage en témoignages ne restaient que deux suspects, qu'il était impossible de départager. Bien que mes soupçons se soient portés spontanément sur l'un d'entre eux, je décidai de les licencier tous les deux, mais avec des indemnités généreuses.

Les entreprises peuvent aider leurs collaborateurs à faire ces choix en créant des codes de bonne conduite : par exemple, sur les règles de confidentialité et le traitement des conflits d'intérêt entre clients dans les sociétés de conseil ; sur la prévention des conflits d'intérêt entre la banque et ses clients ou celle du blanchiment d'argent dans les banques.

Enfin, l'honnêteté du manager humaniste doit s'appliquer à lui-même. Les tentations personnelles sont nombreuses partout. J'en ai fait l'expérience dans la banque d'affaires. Commerciaux et acheteurs y sont particulièrement exposés. Le bon manager doit être irréprochable.

Le courage

L'un de mes amis chasseurs de tête m'a confié qu'il recrutait les dirigeants sur trois critères : le cerveau, le cœur et le courage. Il ajoutait que cette dernière qualité était la plus difficile à trouver.

> **« Des managers apparemment sans peur ni reproche peuvent faiblir et esquiver l'obstacle quand ils se retrouvent au pied du mur. »**

Engagé par les fondateurs de la société de conseil, que j'ai mentionnée plus haut, pour piloter un *Leveraged Buy Out* par l'équipe dirigeante, j'avais réussi à souder les associés et à construire un projet qui avait leur soutien.

Nous étions prêts à rémunérer très correctement les actionnaires vendeurs dans le partage des résultats et à nous engager financièrement de façon importante. Mais nous n'étions pas prêts à emprunter au-delà du raisonnable pour faire le chèque exorbitant qu'attendaient les vendeurs et à prendre le risque d'une faillite, dans un métier exposé aux fluctuations de la conjoncture et où les carnets de commandes ne dépassent pas deux ou trois mois d'activité.

Les vendeurs se sont donc tournés vers d'autres acquéreurs potentiels parmi les grandes sociétés de conseil ou d'informatique. Aucun des prétendants ne convenant à notre équipe, j'ai construit une contre-proposition avec un autre partenaire. Tous mes associés s'accordaient à trouver le projet séduisant et à vouloir le défendre à mes côtés, jusqu'à ce que je les appelle un à un, pendant un long week-end, pour leur poser la question de confiance : Es-tu prêt à mettre ta tête sur le billot ? Chacun trouva des arguments dans sa situation familiale ou ses difficultés financières pour se sortir de ce mauvais pas. Je rendis les armes le lundi matin.

J'ai fort heureusement travaillé dans d'autres circonstances avec des collègues et des clients qui n'ont pas hésité à prendre des risques. J'ai même croisé des dirigeants qui tançaient leurs collaborateurs parce qu'ils ne commettaient pas suffisamment d'erreurs, signe de manque d'initiative.

Les longues périodes de chômage et de restructuration ont fait émerger une génération prête à se battre. Et les jeunes entrepreneurs de la bulle Internet, même échaudés par leurs mésaventures, ne sont pas tous disposés à rentrer dans le rang lorsqu'ils reviennent dans le giron d'entreprises plus établies.

Altruisme et paternalisme

Le manager qui poursuit une ambition purement financière parviendra, s'il est talentueux, à fomenter des coalitions d'intérêts, dont le seul lien est l'opportunisme et qui résisteront mal à l'épreuve du temps. Seule une ambition bonne pour les autres lui permettra d'attirer et de fidéliser clients, collaborateurs, fournisseurs et autres partenaires, comme les communautés locales où opère son entreprise.

> **« Une ambition est d'autant plus puissante qu'elle est altruiste. »**

Le succès du mécénat d'entreprise, des fonds éthiques, des labels de qualité, des bilans sociaux ou des chartes de développement durable illustre bien le besoin de mettre de l'altruisme dans les missions des entreprises.

Le manager humaniste pratique l'altruisme au quotidien, en pensant à ce qui peut mettre en valeur son équipe plutôt que lui-même, en apportant une aide désintéressée à ses interlocuteurs sans arrière-pensées de clientélisme. Le consultant avisé apporte des conseils sans calcul et sans rémunération aux clients ou aux collègues avec lesquels il a noué une relation de sympathie, se constituant au passage un précieux capital de réseau relationnel.

Mais l'altruisme doit aussi respecter la liberté des autres. Trop directif, il renoue avec les errements du paternalisme du XIXe siècle, des entreprises japonaises ou russes. La « guerre des talents » qui a accompagné le boom de la nouvelle économie a fait naître un néopaternalisme, déjà présent en France avec les œuvres des comités d'entreprise et plus récemment les lois Aubry, fait de bénéfices à la carte plus ou moins imposés : voiture, téléphone portable, sport, traiteur, baby-sitter, billetterie, massages, etc.

La déconfiture des « dot.coms » et le sort réservé par les grandes entreprises à ces nouveaux avantages, après le retournement du marché, sont révélateurs des limites de ce néopaternalisme d'entreprise.

La tolérance

> « La mise en œuvre des fusions constitue le terrain privilégié de l'exercice de la tolérance. »

J'ai fait l'expérience des bénéfices de la tolérance lorsque le groupe Cap Gemini a fait l'acquisition de Bossard Consultants. L'anxiété était grande chez les consultants de Gemini Consulting, dont j'assumais la responsabilité en France, comme chez leurs homologues de Bossard. La plupart de mes collègues, fiers d'appartenir à une équipe internationale capable de mener de grands projets de transformation, regardaient de haut les consultants de Bossard. Ceux-ci, cinq fois plus nombreux et beaucoup plus connus sur le marché français, considéraient qu'ils étaient plus créatifs et qu'ils apportaient davantage de contenu à leurs clients. Ils soupçonnaient de surcroît Gemini Consulting d'être une tête de pont commerciale pour les prestations informatiques de Cap Gemini et redoutaient de perdre leur indépendance de jugement dans la fusion. Le groupe s'inquiétait, car le marché du conseil était porteur à l'époque et les risques d'hémorragie importants.

Pour préparer la fusion, nous avons décidé avec mon homologue Alain Donzeaud, qui dirigeait Bossard Consultants, de donner le temps au temps. Nous avons choisi de permettre aux équipes de faire connaissance et de s'apprécier à travers des projets communs chez les clients, de faire s'exprimer les espoirs et les craintes de chacun et d'engager les managers des deux maisons dans la résolution des problèmes d'organisation et d'alignement des modes de fonctionnement et de rémunération que posait la fusion.

Dix-huit mois plus tard, la fusion a abouti à la création d'un nouveau Gemini, combinant l'essentiel des meilleures pratiques des deux entités constituantes. Le bilan était largement positif, avec un turnover de moins de 10 %, une croissance en ligne avec le marché, des succès commerciaux encourageants pour les synergies et de bonnes performances économiques.

La proportion élevée d'échecs dans les fusions s'explique tout autant par des programmes de mise en œuvre brutaux et bâclés que par des mariages mal assortis. Je l'ai souvent constaté dans l'exercice de mon métier de consultant.

J'ai aussi observé les vertus et les limites de la tolérance dans bien d'autres domaines de la vie des managers.

J'ai rencontré un échec cuisant au début de ma vie de consultant. Nous avions été retenus par le ministre des Finances d'un pays du Maghreb pour réorganiser l'organisme chargé du développement industriel. Arrivé sur place, avec pour tout bagage le contrat et les consignes lointaines d'un directeur de projet peu disponible, je fis avec ma famille la découverte de ce monde nouveau et me lançai dans les premiers entretiens de diagnostic, en attendant l'arrivée du reste de l'équipe.

Je dus rapidement faire face à un incident inattendu : à l'issue d'un entretien avec un cadre expatrié en rupture de ban avec cette organisation, je constatai que ma mallette avait été fracturée et que mes notes d'entretien, susceptibles de servir de preuve pour le licencier, avaient été subtilisées. Après consultation de ma hiérarchie, je fus trouver le directeur général pour lui mettre le marché en main : soit il me faisait rendre mes notes immédiatement en se portant garant de leur confidentialité, soit nous mettions terme avec fracas à notre mission. Les notes me furent rendues et l'expatrié resta en fonction, au moins jusqu'à notre départ…

En dépit de ce premier avertissement, nous décidâmes qu'il était de notre devoir de mettre à plat la stratégie industrielle du pays pour pouvoir proposer une organisation rationnelle et nous fîmes un diagnostic très critique des choix de priorité et des arrangements douteux, qui avaient accompagné certains investissements et conduit de hauts dignitaires en résidence surveillée. Le directeur général fut profondément choqué par nos premières conclusions, nous accusant de ne rien comprendre à la réalité locale.

Après beaucoup d'hésitation sur la conduite à adopter, nous prîmes le parti de tenir le cap, d'aller jusqu'au bout de notre raisonnement, de soumettre au ministre des Finances et de laisser pour la postérité une recommandation de réforme, qui finit bien entendu enfermée dans un placard.

Avec l'expérience, je pense que nous aurions été plus utiles et plus efficaces, si nous avions montré davantage d'empathie et véritablement essayé de comprendre la culture et les motivations de nos interlocuteurs et de les aider à faire un bout de chemin pour mieux servir leur pays.

Percevoir les limites de tolérance

« Les cultures d'entreprise engendrent des tabous qu'il ne faut pas enfreindre. »

L'humaniste doit apprendre à discerner les limites de la tolérance de ses interlocuteurs pour conserver leur confiance. Il m'est arrivé à plusieurs reprises de franchir ces lignes jaunes invisibles sans m'en rendre compte.

Après quelques mois d'une mission de stratégie auprès d'un organisme de cartes de crédit, nous étions parvenus facilement à nous mettre d'accord sur le diagnostic du marché, les forces et les faiblesses de notre client et les stratégies des concurrents. De bonnes analyses et des exemples précis avaient convaincu l'équipe dirigeante de lancer un plan d'action ambitieux pour créer de nouveaux produits attractifs pour les porteurs de carte et les entreprises, renforcer leur marketing auprès des commerçants et nouer de nouveaux partenariats.

Restait un problème essentiel de politique tarifaire, lourd de conséquences à long terme. J'étais persuadé de pouvoir, preuves à l'appui, convaincre des dirigeants sophistiqués et réputés pour leur qualité de management de lancer localement une réforme expérimentale, qui pourrait ultérieurement s'étendre à l'ensemble du globe. Nos recommandations se sont heurtées à une fin de non-recevoir sans appel. Nous étions entrés sans nous en apercevoir dans une zone interdite, une règle partagée qui transcendait tout autre considération et dont la transgression aurait provoqué, aux yeux des dirigeants, l'effondrement de l'entreprise.

Observant ce qui en est advenu quelques années plus tard, je me dis que j'aurais dû réussir à convaincre mes interlocuteurs, si j'avais su comprendre les tenants et les aboutissants de cet interdit chez notre client et trouver le fil conducteur pour en dénouer l'écheveau.

Le sens de l'humour

« L'humour est l'expression de la tolérance. »

Loin des piques sarcastiques, des « missiles » tirés en direction d'un collègue pendant une réunion, la pratique de l'humour permet de montrer que l'on ne se prend pas au sérieux, d'exprimer la reconnaissance d'une divergence que l'on est prêt à admettre. Elle permet surtout d'exorciser les angoisses, de détendre l'atmosphère et de créer une ambiance de travail chaleureuse. Les hommes et les femmes qui passent les trois quarts de leur vie éveillée au travail ont besoin de rire et de s'amuser.

Gemini Consulting avait d'ailleurs inscrit l'amusement *(fun)* dans la charte des valeurs de l'entreprise, au grand étonnement de nos collègues informaticiens, ébahis de nous voir perdre notre temps dans des exercices de *team building,* à l'instar de bien d'autres entreprises, au lieu de consacrer notre temps précieux à du travail sérieux.

Et le fondateur d'une grande chaîne de restaurants anglaise *(of course)* en pleine expansion a carrément inscrit l'humour en tête des valeurs partagées de son groupe.

Reste à manier, bien entendu, l'humour avec précaution, voire avec un peu de tendresse, en évitant de heurter les sensibilités personnelles ou culturelles.

Anxiété et sérénité

Les gens anxieux n'arrivent à rien, aimait à répéter l'un de mes professeurs de lycée.

Je sais pourtant, pour avoir recruté des dizaines et des dizaines de consultants, qu'une bonne dose d'anxiété maîtrisée est l'une des principales caractéristiques des meilleurs professionnels dans ce métier.

> **« L'anxiété est un signe d'engagement émotionnel ; elle est nécessaire à l'exercice actif du doute méthodique qui permet d'analyser une situation sans idée reçue. »**

L'anxiété de décevoir son client et ses collègues stimule l'énergie du consultant. Le stress des délais à respecter le force à discerner l'essentiel de l'accessoire pour aboutir aux résultats escomptés.

Est-ce une particularité des consultants ? Connaissez-vous de bons artisans, de bons médecins, des chercheurs de renom, de brillants sportifs ou de grands artistes qui ne soient pas anxieux ?

Je crois que les bons managers doivent aussi receler une part d'anxiété. Comme le disait Gilbert Salomon, fondateur de la célèbre firme de skis et d'accessoires sportifs : « *je ne recrute jamais de candidat qui ne soit pas anxieux* ».

La maîtrise de l'anxiété est tout aussi importante.

Le manager doit donner confiance : à ses clients, qui, sinon, ne lui achèteront pas grand-chose ; à ses fournisseurs, qui ne s'engageront que s'ils sont rassurés ; à ses équipes enfin.

Je me souviens d'un moment difficile dans l'histoire de Gemini Consulting, où notre PD-G a réuni ses vice-présidents (managers) pour nous tenir en substance le discours suivant : « *Nous sommes en crise et je suis prêt à en discuter avec vous, mais j'attends de vous que vous preniez vos responsabilités. Au lieu de répandre les mauvaises nouvelles, de partager vos interrogations et de propager l'inquiétude parmi les consultants, vous avez le devoir d'absorber le stress de notre situation, d'arborer la sérénité et de redonner confiance à nos équipes.* »

La montée du stress, lié à l'angoisse de l'avenir et aux changements perpétuels de stratégie, d'organisation et de modes de travail dans l'entreprise contemporaine exige du manager de plus en plus d'effort de maîtrise de soi et de culture zen.

Cultiver la modestie

Que sont devenus les « Managers de l'année » successivement admirés par leurs pairs et portés aux nues par les médias ? Combien ont survécu à l'épreuve du temps ? Combien n'ont pas été chassés du Capitole pour être précipités dans l'oubli ou l'opprobre du haut de la roche tarpéïenne ?

Bien peu en vérité, car les caprices des marchés financiers se chargent de déboulonner de plus en plus vite ces idoles : on a vu ces dernières années aux États-Unis, de nombreux PD-G de grands groupes ne pas survivre plus de trois ans. Cela donne au dirigeant un an pour constituer ses équipes, construire une stratégie et lancer sa mise en œuvre. Il doit consacrer la dernière année à défendre son bilan et à négocier sa sortie. Reste un an pour marquer effectivement son empreinte.

Un véritable désastre pour la bonne marche des entreprises, qui ont besoin de construire leur succès dans la durée : je m'étais livré, à mes débuts dans le conseil, à une étude comparative des grandes banques françaises ; il était évident que la plus performante avait bénéficié de la longévité exceptionnelle de son équipe dirigeante.

> **« La griserie du succès, médiatisé à l'excès, est bien souvent le pire ennemi des managers. »**

Les dirigeants des entreprises les plus en vue feraient bien de se pencher sur le processus qui a conduit leurs concurrents malheureux dans la spirale du déclin et de remettre en question en permanence la martingale de leur réussite actuelle. Ils ne devraient pas prendre au pied de la lettre les louanges des consultants et des professeurs de management. Je les encourage à afficher, dans leur bureau ou sur l'écran de leur ordinateur portable, ce dialogue entre le tyran Crésus et le sage Solon :

- *« — Solon, peux-tu me dire si je suis heureux ?*
- *— Non, Sire, je ne pourrai le dire que lorsque vous serez mort. »*

Synthèse 1

Êtes-vous un manager humaniste ?

Êtes-vous porteur d'une ambition humaine ?

Qu'aimeriez-vous qu'on dise de vos accomplissements dans un an ? Dans trois ans ? Lors de votre pot de départ ? Êtes-vous capable de vous enthousiasmer tous les matins pour y parvenir ?

Vos collaborateurs partagent-ils vos valeurs et votre ambition ? Sont-ils fiers d'en parler ? Sont-ils prêts à s'engager ?

Vous est-il arrivé de sacrifier vos intérêts personnels pour la cause que vous entendez incarner ? De sortir de vos gonds pour la défendre ?

Êtes-vous prêt à changer de trajectoire sans abandonner le but ?

Faites-vous confiance aux autres ?

Quelle proportion de votre temps passez-vous à contrôler les activités de vos collaborateurs ? À chercher à comprendre leurs préoccupations et leurs aspirations ?

Comment réagissez-vous à leurs échecs ? À leurs réussites ?

Pouvez-vous facilement confier votre vie à une tierce personne ? Vos intérêts vitaux à un collègue ? Comment vous prémunissez-vous contre les risques ?

Inspirez-vous confiance ?

Êtes-vous capable de connaître et de reconnaître vos défauts aussi bien que vos qualités ? D'accepter les différences d'opinion ? De résoudre les conflits sans blessure ?

Vos collaborateurs et vos collègues sont-ils convaincus qu'ils peuvent compter sur vous en toutes circonstances ? Que vous faites passer l'intérêt collectif avant le vôtre ? Que vous êtes capables de faire face à toute situation ?

Quelle proportion de vos interlocuteurs privés ou professionnels font-ils appel à vous pour un conseil ou un service ?

Partie 2

Construire une culture humaniste pour créer de la valeur

> *« Les entreprises les plus admirables pour leur réussite dans la durée*
> *préservent la pratique de leurs valeurs fondamentales et la poursuite de*
> *leur vocation, tout en adaptant continuellement leurs stratégies et leurs*
> *modes opératoires à un monde changeant. »*
>
> Jim COLLINS

Aucune entreprise n'est parfaite, mais toutes celles que nous évoquerons dans les pages suivantes affichent des réussites remarquables dans certains aspects de la création de valeur, par leur aptitude à gagner la confiance des clients, par leur capacité à enrichir leur chaîne de valeur, ou par le capital de talents qu'elles ont accumulé. La force de leurs dirigeants est d'avoir « cultivé » des équipes de leadership exceptionnelles, dont le discours et le comportement sont imprégnés de valeurs humanistes.

L'entreprise ne peut prospérer dans un environnement mouvant qu'en cultivant ses réflexes – sa capacité de perception des signaux faibles et d'anticipation ou de réaction rapide – à l'instar du confectionneur Zara, qui ajuste en permanence ses collections aux réactions des consommateurs ou de Capital One qui teste constamment de nouvelles offres de carte de crédit.

Elle doit se montrer agile – capable d'assembler et de désassembler rapidement des compétences et des capacités internes et externes – comme Dell a su le faire dans l'industrie informatique ou Ikea dans le meuble.

L'entreprise doit faire preuve d'intelligence – apprendre de l'expérience et déployer les meilleures pratiques avérées. La chaîne d'hôtels Marriott donne un bon exemple d'apprentissage dans la gestion des crises, d'une restructuration brutale après la guerre du Golfe à un programme de redressement mobilisateur après les attentats du World Trade Center.

La France n'est pas dépourvue d'entreprises adaptatives, avec des exemples comme L'Oréal, Michelin, Zodiac ou Essilor.

Ces entreprises sont généralement dotées d'organisations flexibles, privilégiant les unités à taille humaine et le développement de réseaux communautaires d'innovation et de partage des connaissances.

Elles ont su tirer parti des technologies de l'information et de la communication pour devenir intimes avec leurs clients, pour créer des chaînes d'approvisionnement réactives et pour permettre à l'ensemble de leurs collaborateurs d'interagir efficacement entre eux et avec leurs partenaires extérieurs.

Elles enrichissent leurs actionnaires en créant de la valeur pour leurs clients, pour les fournisseurs et associés impliqués dans leur chaîne de valeur et pour leurs collaborateurs. Elles cultivent chez leurs leaders une ambition commune, des réflexes de coopération, une écoute de l'environnement et la volonté de prendre l'initiative.

Gagner la confiance des clients

Qu'est-ce qui permet à certaines entreprises de réussir mieux que leurs concurrents, à attirer et à fidéliser des clients de plus en plus exigeants et libres de leurs choix ? Au-delà de l'accès aux mines de données, dont les entreprises de toutes tailles peuvent assez facilement disposer aujourd'hui, c'est dans leur capacité à comprendre la diversité de leurs clients, à se mettre à leur écoute, à gérer leurs attentes et à leur apporter une expérience de qualité dans les relations avec leurs collaborateurs qu'elles se distinguent.

Focus group

Un an plus tard, le programme Slimfast commence à produire ses effets. Nous avons reclassé tant bien que mal les deux tiers des personnes affectées par les suppressions d'emploi et trouvé un repreneur pour l'un des sites fermés. Nous avons gagné trois points de marge opérationnelle. Mais les derniers sondages montrent que le moral de nos collaborateurs est morose. Il est temps de retrouver le chemin de l'innovation et de reprendre l'offensive face à Mumbaï Services. Je propose à Cinderella d'organiser avec Alain Sirius une réunion spéciale du comité exécutif sur la relance du développement commercial.

Nous nous sommes faits assister par Christiane Meyer, qui m'a suivi chez Thelematics comme directeur marketing France. Christiane nous a préparé un excellent dossier, avec en particulier un article stimulant de Victoria Esperanza, rédactrice en chef de la revue European Consumer – « La révolution des comportements d'achat » et des portraits bien campés de nos principaux concurrents. Elle a surtout organisé des discussions avec plusieurs groupes de client(e)s – focus groups, comportant à la fois des utilisateurs réguliers de multiples services, des clients fidèles d'un seul service ne recourant qu'occasionnellement, ou pas du tout, aux autres et un échantillon d'abonnés plus ou moins dormants.

Le COMEX visionne les enregistrements vidéo de ces entretiens avant de passer en revue la situation des différentes business units. Les participants à chacun de ces groupes expliquent comment ils sont devenus clients. Ils parlent de leur expérience des services de Thelematics et de l'usage éventuel qu'en font les autres membres du foyer, s'ils existent. Ils expriment leur satisfaction et leur frustration. Ils réagissent à des suggestions de nouveaux services ou de nouvelles approches commerciales.

À la fin de la projection, Cinderella m'interroge en premier sur mes réactions.

— Le contraste entre les trois groupes est saisissant. Les clients que nous fidélisons sont des familles particulièrement organisées ou des personnes seules. Nous semblons avoir du mal à pénétrer dans les autres foyers.

— En tous cas, la formule du contrat de confiance semble particulièrement bien appréciée, fait observer Philippe Freddus, qui est devenu entre-temps directeur général de Thelefinance.

Alex Ruck, qui s'apprête à devenir directeur financier du groupe, relève que les clients multiservices représentent le tiers des abonnés, mais les trois quarts du chiffre d'affaires.

Alain Sirius a été frappé par la situation des abonnés dormants :

— Il paraît s'agir essentiellement de personnes veuves ou divorcées dont le partenaire avait souscrit l'abonnement à Thelematics et qui le conservent par sentimentalisme ou par négligence. Le plus curieux est que ces comptes inactifs représentent près de 15 % du total.

Cinderella résume les enseignements qu'il retient de ces focus groups :

— J'avoue, moi qui ai imaginé et créé Thelematics, avoir appris beaucoup aujourd'hui. Nous vendons des abonnements à des foyers représentés par des individus. Nous ne nous préoccupons pas suffisamment des processus qui déterminent le taux de pénétration de nos services parmi les utilisateurs potentiels au sein du foyer. De plus, nous n'accordons pas assez d'importance au suivi de la situation de nos foyers clients et à la gestion des ruptures, comme *le passage d'une famille à un couple seul (et vice-versa) ou d'un couple à un individu. Nous devons apprendre à détecter, sans intrusion dans la vie privée, les situations ou les évolutions de comportement susceptibles de révéler l'opportunité de mieux servir nos clients et de mériter encore plus leur confiance. Il faut saisir ces occasions par des actions promotionnelles ciblées. Le moment est venu de passer du marketing de masse au micro-marketing.*

Les enjeux de la relation client

> **« S'il est un impératif commun à toutes les entreprises, c'est la nécessité d'attirer et, si possible, de fidéliser des clients. »**

Même dans les services publics ou les activités humanitaires, la qualité du service rendu aux usagers rejaillit sur la bonne volonté des contribuables ou la générosité des sponsors. Dans les activités soumises aux règles des marchés, les frais commerciaux représentent fréquemment de 15 à 30 % du chiffre d'affaires. Dans un marché de masse, comme celui des cartes de crédit, le coût d'acquisition d'un nouveau client n'est amorti qu'au bout de sept ou huit ans. Dans un marché de gros, comme le financement des grandes entreprises ou leur approvisionnement en énergie, une poignée de clients peuvent représenter 50 ou 80 % des résultats.

C'est pourquoi de nombreuses sociétés ont investi dans des systèmes informatiques leur permettant de mieux gérer leurs relations avec les clients. Les outils de CRM (Customer Relationship Management) permettent, d'une part, à tous les interlocuteurs en relation avec le client de disposer des informations pertinentes pour lui rendre un meilleur service. Ils permettent, d'autre part, aux dirigeants et aux responsables du marketing ou des ventes de mesurer l'attrait réel ou potentiel d'un client ou d'un segment de clientèle, de cibler une campagne commerciale, de tester un nouveau produit, etc.

Il faut, pour comprendre les enjeux de la relation client, chercher l'homme qui se cache derrière cette notion abstraite et réfléchir à ce qui fait évoluer ses comportements.

Quelle est l'expérience qui vous a laissé le plus fort souvenir en tant que consommateur ? Je me souviens surtout, pour ma part, des premiers séjours effectués avec mon épouse au Club Méditerranée ou en cure de thalassothérapie – l'impression d'être entièrement pris en charge, d'abandonner le stress au vestiaire, de revivre un épisode de son enfance. C'est sans doute ce qui explique le succès qu'ont connu ces deux formules.

Ce besoin d'être « bichonné » me pousse régulièrement à entrer dans un célèbre magasin de la rue de Sèvres pour renouveler ma garde-robe. Je sais pouvoir me fier à l'exigence des propriétaires dans la sélection des produits ; j'accorde volontiers ma confiance aux vendeurs qui me connaissent et savent me conseiller sans pousser systématiquement à la consommation.

Je n'hésite pas pour autant à fendre la foule pour fouiner dans les soldes d'Habitat et j'ai pris mes habitudes chez Monoprix pour assurer l'approvisionnement du week-end. J'apprécie de plus en plus la commodité d'un achat de livres, d'une réservation en ligne sur Internet ou d'un bon accueil téléphonique de SAV. Mais, si Amazon a su me fidéliser par l'intelligence et l'agrément de son site, je tolère mal la qualité variable de nombreux services d'assistance, en fonction de l'opérateur qui répond. Ce que je cherche, comme tous les consommateurs, c'est à vivre une expérience d'acheteur et d'usager en ligne avec mes attentes.

Un client peut en cacher un autre

La compréhension et la gestion des attentes du client fait appel à l'art subtil de la segmentation, dont la pratique était, il n'y a pas si longtemps, l'apanage de quelques fabricants de lessive et autres biens de grande consommation.

La base de clientèle d'une banque, par exemple, peut comprendre des entreprises allant de la PME à la multinationale, des particuliers fortunés, des salariés plus ou moins bien payés, jeunes ou vieux, urbains ou ruraux, célibataires ou chefs de famille, des chômeurs, des agriculteurs, des entrepreneurs individuels, des médecins et autres professions libérales, des associations, des collectivités locales, des États et un lacis complexe d'autres institutions financières.

Chaque client au sein de l'un de ces segments constitue un cas particulier faisant intervenir bien d'autres critères : par exemple, pour une PME, le secteur, le lieu d'implantation, la situation de trésorerie, etc. Les progrès des techniques d'analyse permettent aux responsables de l'entreprise de ne pas se contenter de ces critères socioéconomiques et de cerner le comportement de leurs clients au niveau individuel.

Il serait difficile de construire une culture orientée vers le client sans disséminer une bonne compréhension de la diversité de la clientèle.

> **« Il faut traverser le miroir et reconnaître les multiples acteurs impliqués dans la relation avec un client pour en comprendre les attentes. »**

Un client particulier fait partie d'un foyer qui peut comporter plusieurs membres prescripteurs ou utilisateurs du produit ou service, distincts de l'acheteur. Il y a longtemps que les publicitaires ou les distributeurs l'ont compris. Le circuit de décision d'une société cliente ou d'une institution met en jeu une noria d'intervenants. Je me remémore parfois avec amusement l'étonnement du directeur des affaires internationales d'une banque nord-américaine lorsque nous lui avons montré, après quelques jours d'investigation chez l'un de ses correspondants bancaires, la multitude des intervenants impliqués dans la relation avec son établissement et leur poids respectif dans son chiffre d'affaires. Les attentes du guichetier qui consultait (à l'époque) la liste alphabétique des banques correspondantes pour transférer des fonds n'étaient pas les mêmes que celles du spécialiste du leasing à la recherche de partenaires pour financer un avion !

Les processus de vente et de livraison ou le service après-vente peuvent impliquer des dizaines d'intervenants du côté de l'entreprise fournisseur et de ses associés. Il n'est donc pas possible de les maîtriser sans s'intéresser aux hommes ou aux femmes qui en sont les acteurs.

Montée en puissance du pouvoir des clients

Le comportement des clients ne saurait se réduire à des dimensions mesurables. Il obéit à des ressorts rationnels, mais aussi psychologiques, que seule une connaissance individuelle permet d'appréhender. Il se construit dans la durée, au fil de l'expérimentation des produits ou des services fournis. Il est aussi opportuniste et lié aux circonstances, comme l'illustre l'usage que nous faisons des épiceries de quartier et des hypermarchés.

Le client devient chaque année plus instable, au fil de la banalisation des produits ou des services les plus anciens, de la multiplication des offres accessibles, de l'enrichissement des études comparatives et des facilités de comparaison qu'autorise Internet.

L'acheteur d'un voyage en avion serait aujourd'hui bien léger de se contenter d'un coup de téléphone à son agence de voyages habituelle. Il a la possibilité de visiter rapidement des sites de voyage ou des sites de compagnie aérienne pour accéder à une vaste gamme d'options. Il peut obtenir en un clin d'œil des comparaisons de prix et des informations sur les promotions ; il peut visiter les chambres d'hôtel qu'on lui propose ou accéder aux critiques des guides. Il peut d'un clic de souris réserver une voiture de location en même temps que son billet et sa chambre d'hôtel, une transaction que son agent de voyages lui aurait facturé au prix fort il y a quelques années. Les particuliers ou les PME bénéficient aujourd'hui d'un pouvoir de négociation réservé autrefois aux grandes entreprises.

Le pouvoir du client consommateur vis-à-vis de ses fournisseurs s'est accru, de manière générale, sous l'influence combinée de l'élargissement de sa gamme d'options, de l'accès à une information de plus en plus riche et de la diminution continue du coût et de la complexité des transactions. Évident dans le secteur du voyage, ce phénomène affecte des marchés aussi divers que l'automobile, la micro-informatique, les livres, voire, au moins aux États-Unis, la santé. Le client, devenu plus exigeant, attend des progrès permanents dans la qualité et dans le service, en même temps qu'une baisse des prix, tout au long du cycle de vie accéléré des produits.

Les entreprises ou institutions qui constituent la clientèle des marchés de gros sont elles aussi passées par un processus d'apprentissage et sont devenues de plus en plus sophistiquées dans la gestion de leurs achats. Je peux témoigner que les prestations des consultants n'ont pas échappé à ce mouvement. Une relation de confiance avec un dirigeant ne suffit plus à décrocher un marché. Les conditions financières font l'objet pour les grands projets d'âpres négociations avec la direction des achats, autrefois absente du processus mais désormais bien équipée en information. Et il s'est même bâti des places de marché qui élargissent la gamme d'options des acheteurs pour certaines prestations.

> **« Aucune entreprise, quels que soient ses métiers, ne peut plus se permettre d'employer dans un rôle quelconque de leadership des cadres qui ne s'intéresseraient pas sincèrement aux clients. »**

Les ingrédients de la confiance client

Il est difficile de résumer en quelques lignes ce qui permet à certaines entreprises de gagner mieux que leurs rivales la confiance des clients. Les recettes spécifiques sont bien évidemment dépendantes du secteur, du contexte culturel et du positionnement de l'entreprise. Reste que toutes les bonnes pratiques s'appuient sur quelques principes communs dont peuvent s'inspirer les dirigeants soucieux d'instaurer une culture orientée client.

Simplifier la vie de l'usager

Pourquoi les parcs d'attraction de Disney sont-ils agréables à visiter même en période d'affluence ? Pourquoi le touriste débarquant dans un village du Club Méditerranée se sent il détendu ? Même réponse. Chaque detail d'architecture, chaque processus de gestion – planning, ordonnancement des flux, etc. – a été conçu pour simplifier la vie de l'usager.

Pourquoi la chaîne de distribution Zara a-t-elle laissé sur place ses concurrents dans la confection féminine ? Elle s'est organisée pour fabriquer quasiment à la demande dans des temps records, sélectionnant au jour le jour les modèles préférés de ses clientes. Celles-ci sont assurées de ne pas se déplacer pour rien et de trouver satisfaction sans avoir à supporter la répercussion sur les prix du coût de portage de stocks élevés.

Éclairer les choix du client

Nous avons tous fait l'expérience de renvoyer à leurs chères études des vendeurs trop zélés, prêts à nous vendre n'importe quoi pour arrondir leurs commissions et d'apprécier doublement ceux ou celles qui s'intéressent véritablement à nos besoins et à nos attentes, n'hésitant pas à renoncer à une vente facile pour gagner notre confiance. Le succès de la FNAC a été largement fondé sur la promesse d'un conseil objectif dans la sélection du meilleur choix.

L'irruption d'Internet dans la distribution automobile a permis aux fabricants d'offrir à leurs clients un véritable service de conseil. General Motors a même eu l'habileté d'inclure des modèles concurrents dans la sélection proposée par son site GM Autochoice Adviser.

Informer et éduquer

Il est devenu impensable de vendre un produit ou un service sans fournir au client une information complète et facile d'accès. J'ai pu cependant constater, en travaillant avec une équipe de consultants pour une société d'assurance, que bon nombre de ses clients ne connaissaient ni les avantages, ni les inconvénients, ni les modalités d'emploi du produit qu'ils avaient acheté. Cette profession a encore beaucoup de chemin à faire pour informer correctement ses clients et pour leur apprendre à mieux utiliser ses produits.

Les fournisseurs de micro-informatique ou de logiciels ont été, à l'inverse, assez loin dans la pédagogie commerciale, de même que les laboratoires pharmaceutiques qui ont créé des sites dédiés au traitement de certaines maladies.

La création des Columbus Café, savoureusement contée par Philippe Bloch dans *Bienheureux les fêlés,* illustre à merveille la bonne utilisation de la pédagogie : au-delà de la qualité des produits et de la convivialité des sites de vente, c'est la capacité des *baristas* à éduquer les consommateurs dans la dégustation du café, qui a permis à la chaîne de fidéliser ses clients et de croître par bouche-à-oreille.

Respecter tous les clients

Mea culpa ! Comme bien des consultants, je me suis livré avec délectation aux joies du 80/20 et autres analyses ABC : occupez-vous donc de soigner les 20 % de clients qui représentent 80 % de vos profits et n'hésitez pas à réduire à la portion congrue ceux qui ne vous apportent que des ennuis ou à vous en séparer sans scrupule. Une erreur commise par le géant de la téléphonie mobile, Vodafone, lorsqu'il découvrit que les premiers usagers du SMS avaient trouvé le moyen de contourner la restriction des messages au réseau des abonnés et décida de les en empêcher. Vodafone réalisa seulement quelques années plus tard qu'il avait stoppé le développement du SMS et décida de se convertir à l'interopérabilité avec ses principaux concurrents. On connaît la suite.

Microsoft, pour sa part, a dû récemment se résoudre, malgré la situation de quasi-monopole de son système d'exploitation Windows, à renoncer au service de *chat room* de sa messagerie MSN, qui importunait une majorité d'internautes en les exposant aux messages intempestifs pour satisfaire une minorité d'utilisateurs.

Gérer les attentes

S'engager sur les résultats est un bon moyen de gagner la confiance de ses clients. Le contrat de confiance, garantissant à la fois la compétitivité du prix et la continuité du service après-vente, a ainsi été à l'origine de la réussite de Darty. Encore faut-il s'engager sur des promesses que l'on peut tenir et ne pas duper le client.

IBM a frôlé la catastrophe en s'engluant dans la bureaucratie d'une organisation complexe et en se révélant de moins en moins capable de tenir la promesse faite à ses clients de construire et de livrer des solutions intégrées.

American Airlines a lancé le programme « Top Loyalty » qui offrait aux voyageurs réguliers, en sus des avantages habituels des programmes de fidélisation, le service d'hôtesses d'accueil pour faciliter leurs démarches et agrémenter leurs attentes. Mais cet accueil personnalisé n'était qu'un mirage peuplé de poupées Barbie déshumanisées, offrant chaque jour le même sourire chewing-gum à des centaines de passagers. Le feed-back des voyageurs fut sans appel (« pourquoi nous prendre pour des idiots ? ») et le programme abandonné.

Je préfère à tout prendre la candeur de l'accueil d'Amazon, qui ne prétend pas m'offrir un traitement privilégié, mais qui me restitue à chaque commande une information utile pour cultiver mes centres d'intérêt : la liste des autres ouvrages fréquemment acquis par les acheteurs du livre que je viens d'acheter.

Enrichir
la chaîne de valeur

Les entreprises ont un besoin croissant d'engager un réseau de fournisseurs et d'associés, tant pour réduire les coûts que pour progresser dans la fiabilité du service, la réactivité et l'innovation. Les meilleures pratiques sont fondées sur une culture de partenariat et de partage des connaissances. Créer de la valeur, c'est d'abord affaire de collaboration.

Une alliance faite pour durer

Depuis notre voyage virtuel dans le monde des clients, l'équipe de direction est à l'affût d'innovations susceptibles de stimuler l'usage de Thelematics dans les foyers abonnés.

Des discussions avec les responsables des centres d'appel m'ont appris que l'un des principaux freins à une utilisation intensive résidait dans l'allongement des délais de réponse pendant les périodes de pointe de trafic. J'évoque ce thème lors d'un dîner en ville avec Michel Cornelius, PD-G de Peopleforce, qui nous délègue fréquemment des intérimaires pour remplacer un collaborateur absent pendant quelques jours ou quelques semaines. Nous nous sommes déjà rencontrés à l'occasion de la campagne de promotion du contrat de confiance de Thelefinance et nous avons sympathisé rapidement, compte tenu de nos idées communes sur le rôle de l'homme dans l'entreprise.

— Ce qu'il nous faudrait, dis-je à Cornelius, c'est un vivier d'opérateurs susceptibles d'intervenir très rapidement à la demande pour les pics de trafic hebdomadaire, comme le vendredi soir, où le nombre d'appels triple, ou pendant des périodes particulières comme le démarrage des soldes ou les déclarations d'impôts.

— Pourquoi pas ? répond-il. Nous avons parmi nos intérimaires de plus en plus de demandes pour des activités ponctuelles.

Nos discussions se poursuivent avec Pierre Montaigne, qui devra notamment s'assurer que notre accord est bien accepté par les partenaires sociaux. Nous aboutissons à un contrat cadre qui définit les bases de tarification et les délais de notification de nos demandes. L'accord précise les normes de qualité à respecter par les collaborateurs que nous envoie Peopleforce ; il prévoit un processus de formation et de certification.

Je retrouve Cornelius quelques mois plus tard pour faire le point et j'en profite pour lui présenter Cinderella. Les débuts de notre coopération sont prometteurs. Nous décidons de confier à Thomas Kaas, devenu responsable de la Recherche & Développement de

Thelematics, la mission de concevoir un système qui donne aux unités d'ordonnancement de Peopleforce l'accès direct à notre plan de charge et à nos statistiques de trafic.

Visiblement séduit par Cornelius, Cinderella partage avec nous les conclusions d'une conversation récente avec Henri Knock, qui préside le Groupement d'Intérêt Économique des Médecins Urgentistes Associés. Ils ont parlé de l'insuffisance de l'offre de services de santé – surveillance médicalisée, soins infirmiers, kinésithérapie – à domicile.

Ils ont conclu que Thelematics serait idéalement placé pour construire une plate-forme de services intégrés, en coopération avec les Médecins Urgentistes Associés, dont le rôle serait de piloter le centre de surveillance médicale et de déclencher les interventions. Peopleforce serait évidemment un partenaire de choix pour fournir Thelematics en personnel paramédical. Cornelius s'enthousiasme pour le projet. Nous convenons que Cornelius prendra contact avec Claude Citroën, Directeur général de la Garantie Mutuelle Gauloise, qui pourrait inclure l'offre « Thelemedical » dans ses contrats de prévoyance et que Cinderella invitera Henri Knock à notre prochaine réunion.

Trois semaines plus tard, nous nous retrouvons pour signer un protocole d'intention.

Les enjeux de la chaîne de valeur

Les entreprises doivent gérer leur chaîne de valeur en conciliant la mise en concurrence nécessaire à la maîtrise des coûts avec la continuité des relations qui permet d'obtenir un meilleur service et le partage des savoir-faire indispensable à l'innovation. Elles doivent appréhender de façon extensive leur chaîne de valeur pour l'enrichir.

La pression des marchés

> « La pression des marchés impose aux entreprises une amélioration continuelle du rapport qualité/prix de leurs produits ou de leurs services. »

Notre ambition collective d'une croissance sans inflation repose sur la poursuite d'une augmentation continue de la productivité à des rythmes d'au moins deux ou trois pour cent l'an.

Nous nous sommes habitués à trouver pour le même prix des modèles de plus en plus confortables, de plus en plus sûrs, de plus en plus frugaux, à chaque fois que nous changeons de voiture. Il nous paraît tout à fait normal de ne pas payer de supplément pour l'air conditionné et bientôt pour le système de navigation. Tout cela se fait au prix d'une discipline impitoyable de réduction des coûts de production du constructeur et de ceux de ses sous-traitants.

Les fournisseurs de la grande distribution ne sont pas mieux lotis, avec leurs rounds annuels de négociation des prix. Et le mouvement n'épargne ni les métiers qui ont accompli des progrès spectaculaires, ces dix ou vingt dernières années, comme la micro-informatique ou la téléphonie mobile, ni des secteurs régulés et relativement protégés, comme la pharmacie, ni les prestataires de services, comme les SSII.

La multiplicité des intervenants

> **« La chaîne de valeur, qui aboutit à mettre le produit ou le service à la disposition du client, implique des intervenants multiples dont la coopération est devenue incontournable pour réduire les coûts, améliorer la qualité des prestations ou introduire des innovations. »**

Réduire les coûts ou améliorer la prestation rendue, c'est réussir à faire travailler ensemble des concepteurs, des responsables de production ou de centres de support et des commerciaux. Une bonne partie de la valeur ajoutée des consultants dans les premières opérations de reingeneering est provenue du rétablissement de ces connexions interrompues par la constitution de silos au sein des organisations. Mais il faut explorer la chaîne de valeur élargie à l'extérieur de l'entreprise pour continuer à trouver des gisements.

Les entreprises sous-traitent une part croissante de leurs activités de production, de logistique, de recherche, d'informatique ou de support administratif et commercial, qu'elles partagent parfois avec des concurrents. Elles s'associent à des fournisseurs et des concurrents pour créer des coopératives d'achat ou des places de marché. Elles développent avec eux de nouveaux produits ou offres de services et participent à des négociations multipartites sur les standards de marché. L'adoption de normes communes permet en effet aux producteurs de réduire leurs coûts de développement et de production et aux clients d'éviter les surprises et d'utiliser des combinaisons de produits et services d'origines diverses.

Elles vendent à travers des réseaux de distribution qui peuvent comporter des forces de vente ou des responsables de compte salariés, des concessionnaires, des franchisés, des prescripteurs et des entreprises indépendantes allant du petit distributeur aux mastodontes de la distribution de masse.

Les entreprises font appel à différents types de fournisseurs, pour se procurer des matières premières, des composants, des fournitures générales ou des biens d'équipement.

Elles s'adressent à des architectes et à des maîtres d'œuvre pour construire des bureaux ou des usines. Elles travaillent avec des consultants, des intégrateurs et des fournisseurs de matériel, de réseau ou de progiciel pour construire, gérer et maintenir des systèmes informatiques. Elles font appel à de multiples prestataires de services : conseillers en management, avocats, notaires, cabinets de recrutement, organismes de formation, courtiers d'assurances, banquiers d'affaires, publicitaires, sociétés d'intérim, entreprises de nettoyage ou de restauration, sociétés de surveillance…

Elles travaillent avec des courtiers et des assureurs pour gérer leurs risques et protéger leurs salariés ; avec des banquiers, des conseillers financiers, des assureurs, des distributeurs et des fournisseurs pour financer leur exploitation et gérer leur trésorerie.

Les entreprises doivent prendre en compte le périmètre plus large des « associés de fait » qui peuvent engendrer de nouvelles opportunités : les innovations de Microsoft n'apportent pas que des problèmes à ses concurrents, car elles contribuent au développement de l'ensemble du marché informatique ; et les sociétés opérant dans des marchés connexes comme les réseaux, la téléphonie mobile, la conception de jeux vidéo ou la sécurité sur Internet y contribuent aussi.

Les entreprises dépendent aussi d'institutions locales, régionales, nationales ou transnationales pour fixer les règles de la concurrence, mettre à leur disposition les infrastructures et les services dont elles ont besoin, prélever des taxes ou fournir des subsides. Leur capacité à créer de la valeur est parfois subordonnée à l'efficacité de leurs organisations professionnelles dans une négociation, et la perception par les marchés de la valeur qu'elles créent dépend de la bonne volonté des médias à leur égard.

L'ardente obligation de coopérer

« Combien de travail Romain dans cette chaise ? » Je revois comme si c'était hier Maurice Allais interpeller ses étudiants en économie en brandissant un siège de l'amphithéâtre de l'École des Mines. J'ai maintes fois eu l'occasion, sans devoir remonter aussi loin dans le temps, d'apprécier combien une compréhension systémique de la chaîne de valeur était nécessaire pour innover.

J'ai ainsi participé aux débuts du Minitel. Le succès du programme a bien failli être compromis par les utopies d'ingénieurs de génie, qui rêvaient de doter chaque terminal d'un lecteur de cartes à puce, quitte à dépenser quelques milliards de plus. Les seules données tangibles pour asseoir la décision provenaient d'une expérience menée auprès de dix mille foyers de Velizy, dont quelques centaines de fanatiques du clavier prêts à oublier la rusticité du système et la pauvreté des services offerts pour se délecter dans quelques jeux.

Le dialogue avec un échantillon de prestataires potentiels nous a permis de ramener à leur juste proportion les avantages escomptés d'une sécurisation des données et des paiements et d'aider les partisans du réalisme à accélérer le déploiement des terminaux, en laissant le foisonnement des services faire son œuvre.

> **« La mise en œuvre de l'innovation demande plus qu'une compréhension des acteurs de la chaîne de valeur, elle nécessite la capacité de les engager. »**

L'introduction en France du code-barres est l'une des innovations importantes à laquelle j'ai été associé. Ce qui a permis à la poignée d'hommes et de femmes que comptait son promoteur (Gencod) de révolutionner les modes de travail de la distribution, c'est d'avoir réussi à convaincre non seulement les distributeurs des gains potentiels de productivité et de maîtrise des approvisionnements, mais aussi les fabricants de produits de grande consommation de l'intérêt du système pour affiner leur marketing et développer la demande.

L'introduction du « 48 heures chrono » par La Redoute, dont j'ai connu quelques moments forts, n'aurait pas réussi, en dépit des attentes évidentes de la clientèle en matière de délais et de la qualité des systèmes mis en place, si les camionneurs n'avaient pas été convaincus, comme le sont ceux d'UPS ou de DHL, qu'il fallait tout mettre en œuvre pour respecter le délai promis et si les clients ne s'étaient pas habitués à récupérer plus fréquemment leurs colis dans les dépôts.

Les dividendes de la coopération

« La bonne gestion des alliances fait partie des principaux actifs intangibles valorisés à plus ou moins brève échéance par les marchés. »

Les entreprises qui construisent une culture de collaboration réussissent à créer de la valeur au moindre coût, en améliorant la qualité de leurs produits ou services, en répondant plus vite et moins cher à la demande ou en créant des offres innovantes.

Qualité et progrès continu des prestations

Les acteurs du secteur pétrolier ont été parmi les premiers à exploiter les technologies de l'information et de la communication pour permettre aux équipes d'exploration et d'extraction de rompre leur isolement, d'avoir accès aux connaissances accumulées de leur firme et de s'entraider pour résoudre leurs problèmes d'exploitation. La gestion des carrières et une culture d'entreprise communautaire expliquent, tout autant que la sophistication des systèmes, pourquoi British Petroleum ou Schlumberger excellent dans ce domaine.

Wall-Mart est parmi les grands distributeurs mondiaux l'un de ceux qui satisfait le mieux sa clientèle par l'adéquation de ses offres, la qualité et la disponibilité de ses produits. À titre anecdotique, on relèvera que c'est le seul détaillant américain à avoir évité les ruptures de stocks de drapeaux américains après les attentats du 11 septembre 2001 ! Ce niveau de service est rendu possible par l'exploitation des informations collectées en temps réel par le réseau électronique connectant ses 2 300 points de vente et par « Retail Link », système liant Wall-Mart à ses fournisseurs pour assurer le réapprovisionnement automatique des points de vente et pour contrôler les performances de chaque fournisseur. Mais c'est aussi le résultat d'une longue tradition de coopération avec les fournisseurs, sur la base de contrats à long terme et de partage des informations collectées par Wall-Mart pour permettre à ses partenaires d'innover en termes de produits et de services.

Toyota est réputé pour ses méthodes de compagnonnage et d'apprentissage permanent dans les ateliers de production. Mais l'entreprise est aussi un modèle de collaboration avec les sous-traitants et les fournisseurs :

- accès des partenaires à un réseau de partage d'expérience ;
- mise à disposition de consultants Toyota pour réaliser des progrès de productivité et de qualité ;
- organisation de *task-forces* multi-entreprises pour résoudre des problèmes communs ;
- transfert de collaborateurs entre Toyota et ses fournisseurs pour améliorer la compréhension réciproque et créer un sentiment d'appartenance unitaire ;
- partage des économies réalisées dans le cadre d'accords de partenariat à long terme.

Réactivité et productivité

Dell a fait plus d'une fois la une des journaux économiques pour l'étonnante bonne santé qu'il affiche lorsque ses concurrents souffrent. Son mode de distribution directe semble certes lui réussir, mais son véritable trésor réside dans l'écosystème de fabricants qu'il a constitué pour lui fournir à la demande les composants qu'il assemble : oubliés les stocks de produits obsolescents à brader ; et les creux de la demande sont autant d'occasion de faire de bonnes affaires.

Ikea est capable de livrer les meubles qu'il dessine moins cher et plus vite que ses concurrents, sans pour autant lésiner sur la qualité. Son secret ? Des contrats de partenariat à long terme qui le lient à 2 000 fournisseurs dans une soixantaine de pays, tous ayant accès aux données de ventes et de stock des magasins ; la sous-traitance d'une grande partie des fonctions logistiques à des transporteurs disposant d'une large délégation ; la simplicité de conception de ses produits qui permet aux clients de prendre en charge l'assemblage final.

Nissan a pu, sous l'impulsion d'une poignée d'expatriés de Renault, réduire de 20 % en trois ans les coûts par véhicule et gagner un an dans le développement des nouveaux modèles. Carlos Ghosn explique dans *Citoyen du Monde* comment il est parvenu à réaliser ce que José Lopez n'a pas réussi à imposer aux fournisseurs de Volkswagen : c'est grâce à la collaboration entre les responsables des achats, ceux de la production et ceux du design, d'une part, et à l'établissement de partenariats avec un nombre réduit de fournisseurs, d'autre part.

Innovation en réseau

Le groupe 3M est réputé depuis longtemps pour sa capacité d'innovation, avec les énormes succès du ruban autocollant ou des fameuses étiquettes jaunes. Il avait été distingué par Peters et Waterman dans *In Search of Excellence* pour son aptitude à assembler et désassembler rapidement des équipes dédiées à un projet, en leur laissant la bride sur le cou et en partageant les bénéfices avec les collaborateurs impliqués. La culture d'entrepreneuriat y est naturelle car les cadres sont recrutés sur des critères d'attitude et de comportement : travail en équipe, esprit d'innovation, intégrité des valeurs. Mais ces compétences internes sont renforcées par la recherche systématique d'idées innovantes dans d'autres marchés et par des partenariats avec les clients de référence les plus avancés dans leur domaine.

Cisco est devenu leader incontesté dans les équipements de réseau Internet, grâce à ses alliances avec des fabricants et à sa capacité exceptionnelle à acquérir de nouvelles compétences, en intégrant en quelques semaines les équipes des sociétés innovantes dont il fait régulièrement l'acquisition.

Les laboratoires pharmaceutiques sous-traitent une part croissante de leur Recherche & Développement à des partenaires extérieurs. Le groupe Glaxo Smith Kline, orfèvre en la matière, pratique trois types de partenariat :

- l'acquisition d'un concept de produit auprès d'une société de biotechnologie ;
- des accords d'expérimentation et de développement conjoints ;
- le test et la commercialisation de produits développés et fabriqués par les partenaires.

Le groupe GSK sait construire des relations de confiance avec ses partenaires :

- en identifiant les domaines où ils ont besoin d'aide ;
- en se montrant flexible et prêt à gérer conjointement les aléas ;
- en partageant les connaissances et les outils de formation ;
- en créant un climat de transparence et en encourageant la coopération au-delà des termes de l'accord.

IDEO est plus connu pour sa contribution au design de produits célèbres – tels que le Palm, le cube box d'Apple ou encore les TGV – que pour sa marque. Ses équipes sont caractérisées par leur style « des hommes et des femmes de la Renaissance » : ouverture, créativité, esprit d'équipe, mais aussi sens du business. La conception des produits s'effectue par un enchaînement de prototypages et de tests, en osmose totale avec les clients.

> **« C'est en instaurant des relations de confiance avec tous les acteurs de la chaîne de valeur que les champions de l'innovation se maintiennent en tête du peloton. »**

Construire
un capital de talents

Le talent coûte cher, mais peut rapporter gros et la guerre des talents n'est pas finie. La qualification des collaborateurs, leur flexibilité et leur capacité d'entreprendre et d'innover contribuent de façon décisive à la performance des entreprises. Les discours managériaux ne suffisent pas à épanouir des hommes et des femmes de plus en plus individualistes. Les pratiques de gestion des ressources humaines qui permettent de mieux recruter, responsabiliser, motiver, développer et retenir les collaborateurs procèdent autant de la culture que de la qualité des processus.

Revues de performance

J'ai rendez-vous avec Cinderella pour un déjeuner en tête-à-tête : nous célébrons le troisième anniversaire de mon entrée chez Thelematics. Il marque l'occasion en me tutoyant pour la première fois. La conversation se porte rapidement sur les résultats de la dernière enquête d'opinion auprès des collaborateurs. J'exprime ma frustration face à la stagnation du baromètre de satisfaction, alors que les restructurations sont loin derrière nous et que Thelematics a renoué avec la croissance. L'accélération des départs chez les commerciaux et chez les informaticiens commence d'ailleurs à devenir préoccupante.

— À quoi attribues-tu cette détérioration du climat social ? me demande Cinderella.

— Nous avons affaire à une génération pointilleuse sur l'équité. L'enchaînement des fusions a rendu les règles d'évaluation et de rétribution des performances opaques et hétérogènes. Chacun soupçonne le voisin d'être mieux traité et la direction de manipuler les règles.

— Que devons-nous faire à ton avis ?

Je raconte à John les règles que nous suivions pour évaluer les performances et le développement des consultants chez Index Consulting.

— Deux fois par an, dans chaque bureau, les vice-présidents (directeurs associés) et les chefs de projet se retrouvaient pour faire le point sur la performance et sur le développement des compétences de chaque consultant. Ces « seriatim », ainsi nommés parce qu'ils impliquaient un classement de chaque individu au sein d'une échelle de progression par rapport à un groupe de pairs jouant le même rôle – consultant senior, par exemple – pouvaient durer un ou plusieurs jours selon la taille du bureau. Ils obéissaient à un rituel homogène et strictement codifié.

Chaque consultant était représenté par un parrain (mentor) chargé de suivre ses performances et de le conseiller dans son développement personnel. Le parrain s'appuyait sur les évaluations obtenues des chefs de projet, les retours fournis par différents interlocuteurs (équipiers, filleuls, membres des mêmes groupes de pratique), sur leurs interactions avec l'intéressé et la synthèse réalisée avec le filleul au cours d'un entretien de développement.

Les critères d'évaluation étaient tirés d'un modèle de compétences universel. Les performances sur projet reflétaient le degré de réalisation des attentes définies avec le chef de projet et le niveau d'exigence (stretch), compte tenu de la nature du projet et de la maturité du consultant dans son grade. Les parrains étaient invités à participer à l'ensemble de la séance pour assurer un traitement équitable de tous les consultants, pour porter témoignage sur les contributions des consultants avec lesquels ils avaient travaillé, sur des projets ou d'autres activités, comme le recrutement ou la formation, et pour participer à la phase finale de calibrage.

Chaque séance était animée par un directeur associé responsable de la facilitation, présidée par l'un des dirigeants du bureau et surveillée par le DRH mondial ou son représentant, responsable de la qualité du processus.

Le but de la manœuvre était de fournir aux dirigeants du bureau une base d'appréciation objective pour décider des augmentations ou des bonus, d'identifier les candidats à promotion, sous réserve d'instruction ultérieure du dossier dans le cadre d'un processus tout aussi codifié, de déterminer les cas problématiques des consultants incapables de se développer à un rythme considéré comme acceptable et d'assurer à tous un retour clair sur l'orientation de leur carrière et sur les actions à engager.

— Bon ! Qu'est-ce qui nous empêcherait de faire la même chose chez Thelematics ? demande John Cinderella après quelques instants de réflexion. Nous pourrions instaurer le même type de processus chez les managers de premier et de deuxième niveaux et les encourager à disséminer ces bonnes pratiques dans leurs équipes. Il faudrait au préalable que nous segmentions le groupe de leadership par famille de métiers (opérationnels, commerciaux, spécialistes fonctionnels) et que nous définissions les compétences et les critères d'évaluation à retenir selon le métier et le niveau de responsabilité. Nous devrons aussi afficher les règles de pondération entre résultats économiques et contributions individuelles dans les décisions de rémunération.

Je suis chargé en conclusion de préparer une proposition avec Pierre Montaigne et de la soumettre dès que possible au comité exécutif.

Les enjeux de la guerre des talents

L'idée de parler des collaborateurs de l'entreprise comme une ressource ou un capital est venue naturellement aux consultants et aux universitaires qui codifient les concepts de management : dans les activités de service, l'homme est le véhicule de la prestation rendue et l'influence de ses compétences et de son comportement est d'autant plus grande qu'il s'agit de prestations intellectuelles.

L'importance du capital humain a été de plus en plus largement reconnue au cours de la phase de croissance des années 1990 et de nombreuses entreprises ont dû s'engager dans une véritable guerre des talents pour attirer et retenir les cadres pendant la période de gloire des « dot.coms ».

Les analystes financiers ont intégré dans leurs études les informations dont ils disposent sur l'image de l'entreprise auprès des étudiants, l'importance du turnover ou les investissements en formation. Les réflexions et les témoignages qui suivent permettront au lecteur de mieux apprécier les enjeux et la nécessité durable d'une gestion compétitive des talents.

« *Pourquoi diable augmenter nos consultants ou investir dans la formation ?* » me demandaient les actionnaires fondateurs de la société de conseil que je dirigeais, en dépit des résultats fort honorables que nous affichions dans un marché difficile au début des années 1990. « *C'est le moment d'impressionner nos investisseurs financiers et nous te parions que personne ne partira dans le contexte actuel* ». Je leur faisais valoir qu'il ne suffisait pas de disposer du temps de travail de nos collaborateurs pour réussir dans ce métier, comme dans bien d'autres.

« *Vous savez bien, vous qui êtes des professionnels du conseil, que ce sont le niveau de compétences et l'envie de se dépasser de nos consultants qui font la différence chez nos clients et qui nous permettent de résister à la crise.* » Ce n'est qu'après des discussions acharnées que nous sommes parvenus à un compromis raisonnable.

J'ai vécu un débat du même style avec l'état-major du groupe lors d'une revue de performance de Gemini Consulting en France. Le marché était au contraire très favorable et la discussion portait sur les objectifs de l'année suivante. Le taux d'utilisation des consultants, c'est-à-dire la proportion de leur temps consacrée à des activités facturées aux clients, avait atteint des niveaux records. J'annonçai à la surprise générale que nous projetions, avec l'équipe de direction du bureau, de réduire le niveau de ce paramètre essentiel de la rentabilité dans le métier. « *Nos consultants travaillent trop. Ils n'ont plus le temps de se former, ni même celui d'avoir une vie privée. Nous finirons par les perdre par épuisement, si nous ne relâchons pas la pression.* » Le contrôleur financier me lança le regard d'un inquisiteur face à un dangereux hérétique. Le fondateur du groupe me dévisagea comme pour s'assurer que j'avais toute ma raison. Il fit quelques opérations sur sa calculette et me répondit après un long silence : « *D'accord* ».

Quel est le manager qui n'a pas été confronté à ce genre de situation ? Les décisions en matière de ressources humaines sont particulièrement difficiles, parce qu'elles requièrent simultanément une mesure réaliste des effets immédiats sur ce poste majeur des charges de l'entreprise et une bonne appréciation des coûts et des bénéfices induits, compte tenu du comportement des collaborateurs.

Le talent coûte cher

Les salaires et les charges salariales représentent, dans la plupart des secteurs, la principale composante de la valeur ajoutée et le premier poste de coûts de l'entreprise. Il n'est pas rare que la main-d'œuvre pèse plus des deux tiers du total des charges. Il n'est pas rare non plus que le coût d'un collaborateur d'un pays développé soit dix ou vingt fois supérieur à celui d'un salarié équivalent dans une zone d'emploi sous-développée.

Le coût d'un recrutement, difficile à mesurer, varie sans doute de quelques centaines d'euros, pour un recrutement simple *via* Internet, à 50 000 euros au minimum, pour celui d'un cadre dirigeant *via* un chasseur de têtes. Les dépenses de formation peuvent varier du 1 % légal des salaires à 5 % et plus du chiffre d'affaires dans une société de services. Le coût moyen d'un licenciement économique, dans un pays socialement protecteur comme la France, peut atteindre six mois à un an de salaire.

Quant à la charge des obligations de retraite, qu'elle soit ou non intégrée dans les charges sociales, elle doit financer un an de prestations pour deux à trois ans d'activité. Aux États-Unis, nombre d'entreprises imprévoyantes et de fonds de pension, habitués à des marchés financiers euphoriques, s'en sont déjà aperçus, aux dépens des retraités actuels et futurs et des actionnaires.

Les perspectives démographiques et l'inexorable croissance des dépenses de santé laissent peu d'illusion sur l'allègement espéré des charges sociales en France.

Tout dirigeant d'entreprise a l'obligation de s'assurer que l'ensemble de ses managers sont familiers avec ces paramètres et capables d'en faire état dans le dialogue social.

Investir dans le développement des talents

Il n'est de richesse que d'hommes.

Cette vérité intemporelle s'impose toujours davantage dans un monde dominé par la course à la productivité, la qualité du service au client et la capacité d'innovation.

> **« Pour qui veut adopter une approche rationnelle des décisions de recrutement, de formation ou de rémunération, la plus grande difficulté réside dans la mesure des effets induits sur les performances. »**

Les nombreuses études qui ont été consacrées aux secrets des entreprises performantes montrent certes que les entreprises qui traitent bien leurs collaborateurs se retrouvent fréquemment au palmarès. Une analyse récente du cabinet Watson Hyatt concluait par exemple que la qualité du capital humain comptait pour 80 % de la création de valeur.

Mais il faut une analyse plus subtile pour apprécier les effets induits d'une décision spécifique. Un gel de salaires rejaillira sur l'absentéisme et sur la productivité, dans des proportions et des délais difficiles à mesurer. La rotation du personnel est un indicateur essentiel du climat de l'entreprise et de son efficacité dans la gestion des ressources humaines. Frederick Reichheld a démontré, dans *L'Effet loyauté,* la forte corrélation entre la loyauté des clients et celle des collaborateurs.

J'ai, pour ma part, rencontré les effets pervers du turnover chez de nombreux clients : comment les correspondants bancaires d'un grand établissement nord-américain auraient-ils pu être fidélisés alors que la politique de mobilité interne imposait une rotation des affectations en moins de deux ans ? Comment maîtriser les coûts de formation et assurer un bon niveau de service dans le réseau de vendeurs d'une compagnie d'assurance vie dont le turnover dépasse 50 % dans l'année du recrutement ? Encore faut-il apprécier le caractère volontaire ou non des départs et en mesurer correctement tous les effets : faudra-t-il remplacer le collaborateur ? En interne ? Par recrutement ? À quel coût et à quel niveau de salaire ? Que coûtera la formation des nouvelles recrues ? Combien de temps leur faudra-t-il pour atteindre le niveau d'efficacité de leurs prédécesseurs ? L'entreprise risque-t-elle de perdre des clients ? Les partants vont-ils exporter le savoir-faire de l'entreprise chez des concurrents ?

Il faut aussi comprendre les raisons de ces départs, ce qui suppose a minima la pratique, insuffisamment répandue, des entretiens de sortie. Mais la fiabilité des résultats laisse souvent à désirer, les intéressés ayant souvent tendance à se réfugier dans des explications non conflictuelles (offre à un salaire plus élevé, raisons familiales, changement d'orientation), s'ils partent dans des conditions amicales, ou à refuser de répondre dans le cas contraire.

Il vaut mieux enfin s'efforcer d'anticiper les départs plutôt que de constater le problème quand il est trop tard. Les enquêtes de climat telles que nous les pratiquions chez Gemini donnaient lieu à un taux de réponse élevé. Les informations qu'elles fournissaient sur les perspectives de départ à trois ans et sur les différentes composantes de la satisfaction des collaborateurs m'ont été infiniment précieuses dans mon rôle de DRH.

La mesure de l'efficacité des investissements en formation est tout aussi difficile : Qui a participé à quel programme ? A-t-il été satisfait ? Combien ces formations ont-elles coûté en temps et en cash ? Quels en ont été les bénéfices pour le business ? En quoi le développement et l'employabilité des individus concernés ont-ils été renforcés ?

Je ne connais guère d'autres solutions que des enquêtes périodiques auprès des collaborateurs et de leurs managers pour en avoir une idée. Et j'ai souffert de la difficulté de monter un cas financier lorsque je me suis battu contre vents et marées pour préserver la formation des consultants dans des périodes de serrage de boulons !

Et le recrutement ? Il faut des années pour construire une image attractive auprès du corps enseignant et des étudiants d'un campus universitaire. Il suffit d'une présentation arrogante ou d'une absence inexpliquée pour la détruire durablement. Les sociétés qui ont déserté les campus après l'implosion de la nouvelle économie se mordront les doigts de ne pas avoir maintenu une présence minimum, lorsqu'elles essaieront de revenir.

À défaut de mesure fiable, les managers doivent être incités à se poser les bonnes questions et à étayer leur jugement par quelques informations pertinentes sur les effets induits de leurs décisions en matière de ressources humaines.

Ils doivent aussi se préoccuper d'une population plus large que leur effectif salarié. La situation des prestataires extérieurs travaillant dans l'entreprise peut avoir des effets contagieux. Et exporter ses problèmes chez des sous-traitants n'est pas une panacée. Nike, qui cultive l'image d'une entreprise saine œuvrant à l'épanouissement sportif d'une clientèle jeune, a eu bien du mal à restaurer sa réputation après le scandale provoqué par les salaires inférieurs au minimum vital, les conditions de travail dangereuses et l'emploi d'enfants, que pratiquaient certains fabricants de ses chaussures.

Les attentes des collaborateurs se diversifient

« Le mythe de l'emploi à vie a volé en éclats. »

Le contrat social des grandes entreprises japonaises, qui cachait les mœurs impitoyables de leurs sous-traitants, n'est plus qu'un souvenir. La flexibilité est devenue universellement le maître mot dans le secteur privé et il y a longtemps que les administrations ou les entreprises de la sphère publique recourent aux vacataires ou au personnel contractuel pour échapper aux pesanteurs du statut de la fonction publique.

Les études effectuées sur la « guerre des talents » confirment l'expérience qu'ont tous les managers, à travers les fluctuations conjoncturelles, du développement d'un marché du travail plus efficace et d'une profonde évolution des attentes des salariés et de leur attitude vis-à-vis de l'entreprise. Il est difficile de trouver, au moins dans les pays occidentaux, une main-d'œuvre flexible. Comptant de moins en moins sur la médiation des organisations syndicales, les salariés n'hésitent pas à prendre l'initiative pour défendre des emplois menacés, améliorer les conditions de travail ou revendiquer des ajustements de salaires.

Les hommes et les femmes des générations montantes qui jouent un rôle d'encadrement ou qui gèrent des relations avec la clientèle revendiquent une responsabilisation sur les résultats et une plus grande autonomie dans leurs modes de travail. Certains ont connu l'aventure des start-up et le mirage des stock-options.

Ayant assisté aux crises de chômage de leurs parents ou grands-parents, les salariés de ces générations ne comptent plus sur un emploi assuré dans la même entreprise et ne sont pas prêts à s'engager eux-mêmes au-delà de quelques années. Ils sont de plus en plus conscients des « termes de l'échange » et preneurs d'une relation personnalisée. Ils attendent de leur employeur les moyens d'assurer le développement de leurs compétences et de leur employabilité, en sus d'une juste rémunération. Ils revendiquent plus de liberté dans le choix de leur rythme de travail et l'équilibre entre vie privée et vie professionnelle. L'application de la loi sur les 35 heures et les discussions sur l'avenir des retraites ont mis en évidence la diversité de leurs attentes, même si chacun est prêt à exploiter les nouveaux avantages et à se battre pour préserver les avantages acquis.

La guerre des talents n'est pas finie

> **« La crise des retraites a été l'occasion d'une prise de conscience des puissants effets des tendances démographiques sur le marché de l'emploi et du défi qu'elles représentent pour les entreprises. »**

La montée en puissance du travail féminin et l'afflux constant de travailleurs immigrés ont permis jusqu'à présent aux entreprises de ne pas trop souffrir du manque de candidats qualifiés et motivés pour certains types d'emploi et de laisser à la puissance publique ou à des organismes paritaires la charge de s'occuper des chômeurs et de la formation professionnelle.

Mais que se passera-t-il dans quelques années lorsque les « baby boomers » seront appelés à prendre leur retraite et que la population active commencera à diminuer après des décennies de croissance continue (*cf.* Michel Godet, *Le choc de 2006*) ?

Les entreprises dont plus de la moitié des effectifs seront à remplacer en une dizaine d'années pour certaines familles de métiers pourront-elles continuer à recourir à l'expédient commode des préretraites pour dégonfler leurs charges dans les moments difficiles ? Profiteront-elles de ces départs pour délocaliser massivement leurs activités vers des pays émergents, de plus en plus riches en main-d'œuvre qualifiée à tous niveaux, mais de plus en plus contaminés par les modes de vie occidentaux ? Ou bien vont-elles s'atteler à imaginer des rôles intelligents pour les plus de 50 ans et à leur donner la motivation et la formation nécessaire ? Que feront-elles pour attirer et retenir de nouveaux talents, accélérer l'apprentissage des générations plus jeunes, préparer la relève et organiser la transmission des savoir-faire indispensable dans l'économie de la connaissance ?

Sauront-elles profiter de ce choc démographique pour remettre à plat leur *business model* et transformer leur organisation ? Seront-elles capables de maintenir une culture commune et un esprit de collaboration entre des générations multiples ?

L'expérience des pays anglo-saxons et des nations scandinaves dans ce domaine est encourageante. Encore faudra-t-il faire l'effort d'analyser ces bonnes pratiques et de les transposer intelligemment à la culture française et à l'environnement spécifique de chaque entreprise.

Comment se construit le capital humain ?

Peu de théoriciens du management ont marqué autant les esprits que Douglas McGregor. Cinquante ans après la parution de *The Human side of the Enterprise,* le paradigme de la théorie Y constitue le fondement des pratiques de gestion données en exemple. Les bonnes organisations doivent tirer parti de l'énergie et des compétences de l'homme, plutôt que de les brider par un faisceau de contraintes et de procédures de contrôle. Les collaborateurs constituent un capital qu'il faut valoriser et développer plutôt qu'une charge.

Les catastrophes déclenchées périodiquement par des comportements erratiques, comme celui du *trader* qui a déclenché la faillite de la banque Baring ou ceux de l'équipe de direction d'Enron, sont là pour nous rappeler la face sombre de la personne humaine et la nécessité d'un bon dosage entre théorie de la confiance (Y) et théorie de la méfiance (X).

> **« Peu d'entreprises peuvent réussir durablement sans traiter le développement des hommes comme un investissement et leur faire confiance *a priori,* à condition de les responsabiliser et de se donner les moyens de contrôler les risques majeurs. »**

Pour comprendre ce qui permet aux entreprises d'attirer et de retenir des hommes et des femmes de qualité, de cultiver leurs compétences, de les motiver, de leur donner l'envie de prendre des initiatives et le goût de collaborer, il suffit de se mettre à la place de leurs collaborateurs en suivant le cycle de gestion des ressources humaines, depuis le recrutement jusqu'au départ.

Recruter et déployer

Qu'est-ce qu'un bon recrutement ? C'est l'embauche d'un collaborateur ayant les qualités nécessaires pour réussir au sein de l'entreprise. Les champions du recrutement s'appuient sur l'image qu'ils projettent et sur le choix des canaux de prospection pour attirer de meilleures candidatures que leurs concurrents.

Trop d'entreprises privilégient dans leur recherche et leurs critères de sélection le contenu de la formation et de l'expérience acquise par rapport à un poste à pourvoir.

Il est pourtant plus facile, pour paraphraser Montaigne, de remplir une tête bien faite que de façonner une tête bien pleine. « *Recrutez le comportement et formez le savoir-faire* », écrivait David Maister dans son livre sur le management des firmes professionnelles. Construire un capital humain suppose que l'on saisisse l'opportunité d'attirer de bons collaborateurs, quitte à investir dans leur formation aux postes à pourvoir ou à recourir à des mutations internes pour combler les vides les plus criants.

Les études de cas auxquels les sociétés de conseil soumettent leurs candidats sont plus utiles pour le comportement qu'elles révèlent que pour la vérification des connaissances acquises. Et les critères d'adéquation culturelle *(fit)* sont aussi importants que les qualités intellectuelles ou l'expérience professionnelle du candidat : comment va-t-il (elle) s'intégrer dans la société ? Le courant passera-t-il facilement avec ses futurs collègues ?

Nombreux sont les recruteurs qui recourent à des tests psychologiques pour les éclairer sur la personnalité des candidats. J'ai, pour ma part, trouvé utile de confronter certaines recrues potentielles à des psychologues, pour confirmer ou éliminer des doutes. Rien ne remplace pourtant le jugement individuel qui se forme dans des entretiens en face-à-face.

La meilleure protection contre les erreurs de recrutement consiste à multiplier les interlocuteurs au fur et à mesure que l'intérêt d'une candidature se confirme, en impliquant autant que possible des représentants de la population des managers, collègues ou collaborateurs futurs du candidat après une première sélection par la direction des ressources humaines ou les cabinets de recrutement. Et la règle d'or est de s'abstenir en cas de doute ou de désaccord inexplicable : la quasi-totalité des recrutements où j'ai transgressé cette règle se sont soldés par des échecs.

> **« Il ne faut surtout pas oublier que le recrutement est un choix réciproque. »**

« Recrutez votre futur employeur », annonce la publicité d'un site destiné aux salariés. Les recruteurs oublient trop facilement, surtout en période de chômage, qu'ils doivent vendre leur entreprise. Il faut séduire le candidat par l'expérience du processus de recrutement tout autant que par le niveau de rémunération, le « package » contractuel ou les perspectives de carrière. Et ce processus commence dès le premier contact, qu'il s'agisse d'une présentation sur campus, de la visite d'un site Web ou de la réponse à une lettre de candidature spontanée.

Encore faut-il ne pas en faire trop : un déphasage manifeste entre la promesse vendue et l'expérience des premiers mois produit une fracture irrémédiable entre le salarié et son employeur. L'organisation de l'accueil des nouveaux venus et la qualité des programmes d'assimilation *(onboarding)* jouent un rôle déterminant dans l'élaboration du contrat moral entre l'entreprise et son collaborateur. Ces programmes sont révélateurs de la culture interne. McKinsey, qui recrute en majorité des candidats proches en âge et formés dans les mêmes *business schools,* privilégie le professionnalisme individuel : outils d'analyse, conduite des entretiens client, communication. Gemini Consulting cultivait le respect de la biodiversité et la vie en collectivité ; les programmes d'assimilation mêlaient des quadragénaires expérimentés de toute origine et de jeunes analystes ; ils leur donnaient l'occasion de se familiariser avec les styles de leadership et les méthodes d'animation des groupes et d'expérimenter les joies et les frustrations du travail en équipe dans des exercices de détente ou des situations professionnelles.

Les liens formés au cours de ces programmes d'assimilation permettent aux nouveaux de construire les premières mailles d'un réseau personnel qui leur donne le sentiment d'appartenir à une communauté, en dépit de la diversité des affectations, et qui sera porteur de partage de connaissances et d'entraide.

Développer et former

L'homme n'est pas fait pour rester sur place. La version en trois actes de la vie – (1) apprendre, (2) travailler, (3) se reposer – n'a guère de sens dans un monde où l'espérance de vie ne cesse de s'allonger et où les conditions d'exercice de tous les métiers évoluent d'année en année.

Les collaborateurs de l'entreprise sont d'autant plus motivés et efficaces qu'ils ont le sentiment de progresser, non seulement dans leur rémunération, mais aussi dans l'acquisition de compétences valorisantes pour leur carrière et favorables à leur employabilité, à l'intérieur ou à l'extérieur de l'entreprise. Cela passe d'abord par la gestion des affectations. L'expérience acquise sur le terrain est le vecteur de formation le plus puissant. La mise en place de systèmes de compagnonnage inspirés des pratiques des artisans depuis le Moyen Âge contribue fortement à accélérer le développement des salariés dans bon nombre de sociétés de service ou dans des entreprises industrielles comme Toyota.

La gestion de la mobilité, géographique ou fonctionnelle, renforce cette accélération et développe les capacités d'adaptation des individus. C'est en passant d'un client à l'autre, en me plongeant tour à tour dans les différents métiers de la finance et en m'installant avec ma famille en Espagne, puis aux États-Unis, que j'ai acquis rapidement ma crédibilité comme spécialiste des institutions financières. De grandes entreprises industrielles, comme Schlumberger ou Air Liquide, sont réputées pour jouer également de la mobilité afin de faire progresser leurs cadres.

Le développement des compétences passe aussi par la participation à des activités dédiées à la formation. Certaines entreprises privilégient la formation externe, comme Bœing qui a conclu des accords avec plusieurs universités.

> **« La vogue des universités d'entreprise répond à un besoin complémentaire, celui d'un carrefour où peuvent se croiser les expériences, se disséminer les bonnes pratiques et se forger des communautés partageant les mêmes valeurs et les mêmes ambitions. »**

De l'Institut du Leadership de General Electric au Hamburger University de Mac Donald, en passant par l'élégant Centre de conférences de Nestlé à Vevey, ce sont des centaines de groupes internationaux qui ont créé leur université. Les avancées de Cap Gemini Ernst & Young, en matière d'architecture informatique, se sont fomentées dans le cadre des *masterclass* de ses architectes. J'ai rarement connu de moments plus exaltants que les rendez-vous annuels où des centaines de consultants se retrouvaient pour assimiler l'expérience cumulée de leur firme, s'ouvrir aux perspectives d'un génie technologique ou d'un artiste international sur la créativité, gonfler leur carnet d'adresses internes et recharger leurs batteries.

Les coûts fixes d'une université de briques et de mortier peuvent certes décourager les entreprises moyennes ou les PME, mais il n'est pas si difficile de s'offrir les facilités d'un centre de conférences et de profiter des progrès d'Internet pour compléter les événements sur site par de la formation virtuelle.

Évaluer et rétribuer les performances

Faut-il rémunérer l'effort accompli, les résultats atteints ou le potentiel ? Jusqu'où pousser l'individualisation des rémunérations et leur lien aux performances sans encourager les comportements égoïstes ? Comment récompenser les succès collectifs sans créer de rentes de situation pour des individus moins performants que leurs collègues ? Comment se garder des usines à gaz de systèmes de rémunération mécaniques sans tomber dans le piège de l'arbitraire et du simplisme ? Jusqu'où pousser la transparence pour éviter la suspicion sans déchaîner les jalousies ? Comment jouer sur les méthodes de rétribution non financières sans se faire taxer d'hypocrisie ou de paternalisme ?

« Rien ne trahit davantage la culture d'une organisation que les méthodes d'évaluation et de rétribution des performances. Rien n'est plus difficile que de trouver des méthodes efficaces et équitables. »

La seule réponse que j'ai trouvée est dans la pratique du dialogue. À commencer par l'évaluation des performances, qui procède d'une bonne gestion des attentes et d'un processus aussi continu que possible de feed-back. Il est facile, en principe, pour un responsable d'équipe de prendre le temps de discuter régulièrement avec chacun de ses collaborateurs de leur rôle, de leurs attentes et de leurs objectifs. Il suffit d'un peu d'attention et de courage pour réagir en temps réel à leur comportement et pour faire périodiquement le point de leurs performances.

Formaliser les critères d'évaluation, encourager la diversification des sources (auto-évaluation, clients, collègues) et créer des rendez-vous obligatoires peuvent aider les évaluateurs à remplir leur rôle. Mais les procédures ne sont que des garde-fous et il faut une culture humaniste comme celle de Gemini pour que le dialogue d'évaluation des performances se déroule dans la confiance et devienne une expérience enrichissante pour les deux parties.

Encore faut-il que la couleur soit clairement affichée en ce qui concerne le lien entre performances et récompenses, que l'appréciation des performances communiquée aux instances de décision soit aussi fidèle et compréhensible que possible et que les décideurs soient capables de prendre en compte les biais, favorables ou défavorables, des évaluateurs.

Il faut en tout cas que les dirigeants aient le courage de prendre leurs responsabilités, l'honnêteté de ne pas accorder ou s'octroyer des traitements de faveur et la volonté d'expliquer leurs décisions, même lorsque les contraintes économiques sont incompatibles avec une parfaite équité.

Lors de la fusion entre Gemini Consulting et Bossard, les équipes de direction ont constaté des écarts significatifs de rémunération, à niveau et expérience équivalents. Ces écarts se retrouvaient dans les prix facturés aux clients, Gemini bénéficiant de son positionnement international dans les grands projets de transformation. Nous avons préservé la paix sociale en organisant une transition avec alignement des prix facturés et des rémunérations sur deux ans, en privilégiant la nature des projets et le rôle des individus plutôt que leur origine dans la gestion des augmentations et des rémunérations variables et en expliquant ces décisions à nos collaborateurs.

Les mêmes remèdes s'appliquent aux problèmes causés par les variations à la hausse ou à la baisse du marché de l'emploi, privilégiant selon le cas les nouvelles recrues ou les employés en place.

Les récompenses non financières ne peuvent pas se substituer aux rétributions financières, la rémunération restant avec l'intérêt du travail l'attente principale des salariés. Elles peuvent néanmoins jouer un rôle d'appoint non négligeable : distinction symbolique au hit-parade des meilleurs vendeurs ou dans le journal d'entreprise, participation à des voyages festifs (lorsque la conjoncture le permet), priorité donnée pour bénéficier d'une affectation recherchée ou d'un programme de formation.

Compte tenu de la pression exercée sur les consultants, Gemini avait inventé une formule originale. En dehors de la règle du « 3-4-5 » (trois jours chez le client, quatre journées facturables, cinq jours de travail) qui s'appliquait à tous, les consultants qui s'étaient distingués par leurs performances pouvaient obtenir en plus de leurs congés contractuels un congé sabbatique de courte durée *(flexforce),* financé à 50 % par la firme.

Gérer les carrières et les départs

Bien que les salariés ne comptent plus faire carrière dans la même entreprise, ils ont besoin de progresser en responsabilité et de cultiver leurs options. Les employeurs doivent donc expliciter, pour chaque famille de métier, les filières de progression et les critères de promotion et clarifier les passerelles possibles.

Le préalable est de constituer une cartographie des rôles dans les différents métiers et d'élaborer un modèle de compétences permettant à chaque individu de situer son niveau. Le modèle de compétences de Cap Gemini Ernst & Young comporte des attributs obligatoires pour tous les employés, reflétant les valeurs partagées du groupe (intégrité professionnelle, esprit d'équipe, capacité d'adaptation, initiative, etc.), des compétences communes à interpréter en fonction des familles de métiers (maîtrise du service, développement des hommes, relations avec les clients, etc.) et des connaissances spécifiques par métier. Des entreprises de plus en plus nombreuses ont mis en place des modèles de compétences, en s'inspirant de l'expérience des sociétés de conseil.

L'outil que constitue un modèle de compétences ne prend toutefois sa pleine valeur que s'il existe des possibilités effectives de progression. La gestion des promotions est plus facile dans une organisation souple par projets, comme celle des cabinets de conseil, que dans une organisation pyramidale où le nombre de postes d'un niveau donné est précisément limité. Les grands cabinets de conseil pratiquent une discipline souvent exemplaire, en mettant en place des procédures de parrainage, d'évaluation et de cooptation qui s'étalent sur plusieurs mois, voire plusieurs années, et qui mobilisent leurs dirigeants pendant de longues journées. Ils ont plus de mal à assumer la pression des réalités économiques, en élaguant dans les niveaux supérieurs pour faire de la place aux jeunes, lorsque la pyramide des grades prend des allures d'armée mexicaine dans un marché déprimé.

Reste l'acte final d'une carrière au sein d'une entreprise. Les modalités de gestion d'un licenciement économique ou d'un licenciement individuel sont aussi révélatrices de la culture. Le meilleur n'est pas possible, mais le pire arrive trop fréquemment.

> **« L'entreprise doit gérer les départs avec la même attention que les arrivées. »**

La qualité de la relation entretenue, dans le cadre d'une demande volontaire de démission ou de départ à la retraite, crée un *goodwill* que les réseaux d'anciens de McKinsey, d'IBM ou de Procter & Gamble payent en retour par des opportunités d'affaires ou par la prescription de leur ex-firme à des candidats. McKinsey parvient même, en affichant la règle dès le recrutement et en valorisant les réussites de ses anciens, à tirer avantage de sa politique de sélection darwinienne *(up or out)* pour attirer des candidats de talent.

La culture des champions

> **« Les champions du capital humain savent cultiver les talents essentiels pour la réussite de l'entreprise, sans laisser pour compte le reste de leurs collaborateurs. »**

J'ai souvent cité dans les paragraphes précédents des exemples de bonnes pratiques dans le monde du conseil, tant parce que je les ai vécues que parce que les consultants ont pris, par nécessité, une certaine avance dans la gestion des ressources humaines. Ce n'est pourtant pas l'apanage de cette profession de savoir attirer, motiver, développer et fidéliser de bons collaborateurs.

Capital One ou l'épanouissement dans la carte de crédit

Qui connaît Capital One ? Peu de Français sans doute, puisque cette société opère principalement sur le marché américain où elle fait partie des leaders de l'industrie des cartes de crédit, ainsi qu'en Grande-Bretagne.

Créée en 1995 par essaimage d'une partie de l'équipe informatique interne d'une banque régionale, Capital One compte aujourd'hui une cinquantaine de millions de clients. Sa réputation est d'être un champion de l'innovation, capable mieux que ses concurrents d'anticiper le comportement de ses clients et de leur proposer de nouveaux forfaits d'offres sur mesure (gamme de services liés à la carte, niveau et nature des crédits) adaptés au profil de leur micro-segment. Capital One teste en permanence des dizaines de nouveaux produits et renouvelle sa gamme tous les deux ans.

La force de cette entreprise repose en partie sur l'exploitation intelligente d'un système informatique évolué, qui lui permet entre autres de délivrer les autorisations en moins d'une minute, avec le taux d'incidents de paiement le plus faible du secteur. Mais en partie seulement : Capital One fait régulièrement partie du club des cent entreprises où il fait le meilleur travailler depuis 1999 aux États-Unis (selon le classement de *Fortune Magazine*) et depuis 2001 au Royaume-Uni (selon le classement du *Sunday Times*).

D'où vient cet enthousiasme ? On retrouve chez Capital One la plupart des ingrédients évoqués pour un bon développement du capital humain : programme d'assimilation et mobilité des affectations ; modèle de compétences privilégiant les qualités génériques − capacité d'entreprendre, intelligence analytique, sens des responsabilités, etc. − par rapport aux savoir-faire spécifiques de la fonction exercée.

On retiendra quelques aspects des relations humaines particulièrement révélateurs d'une culture de confiance : le quota de 10 % de temps alloué à chaque manager pour se consacrer aux initiatives que lui inspire sa créativité ; l'importance donnée à l'évaluation du comportement au regard du modèle de compétences, en complément de la mesure des résultats atteints par rapport aux objectifs ; le recours au feed-back des clients − internes ou externes − du manager pour nourrir l'appréciation des performances. Ces pratiques permettent aux managers de prendre le risque d'innover en sachant qu'ils n'auront pas à souffrir des conséquences d'un échec à condition de respecter les valeurs et les normes de comportement de l'entreprise.

Choisir ses disciplines de prédilection

Les champions du capital humain choisissent leurs disciplines de prédilection. Ils concentrent leurs efforts sur des populations et des domaines de compétences essentiels pour l'exercice de leurs métiers.

Capital One excelle principalement dans le développement d'une population de cadres entrepreneurs pour soutenir son positionnement de pionnier de l'innovation.

Procter & Gamble est célèbre pour son Université du Marketing. British Petroleum ou Schlumberger savent transformer de jeunes étudiants en aventuriers professionnels de l'exploration pétrolière. Renault ou Toyota sont des écoles d'excellence, en ce qui concerne la formation des ouvriers.

Ces choix ne peuvent pas pour autant se faire au détriment du reste de leurs collaborateurs. Chez Gemini Consulting, les processus de recrutement, de parrainage, d'évaluation et de formation des consultants étaient portés vers des sommets de qualité par une culture profondément humaniste.

Mais, si l'essentiel de l'énergie des dirigeants et de la DRH était consacré à la gestion des consultants, les membres des équipes de support (administratifs, comptables, spécialistes RH, etc.) n'étaient pas négligés et étaient beaucoup mieux traités que leurs homologues dans la plupart des entreprises. Cette culture attentionnée pour l'ensemble des collaborateurs a séduit la plupart de nos équipiers clients. Elle a permis à Gemini de mériter son slogan « des résultats à travers les hommes » et de devenir pendant plusieurs années un consultant de référence pour les projets de transformation.

Bref, puisqu'il est impossible d'être au même niveau dans toutes les disciplines de la gestion des ressources humaines et pour toutes les populations de l'entreprise, il incombe aux dirigeants de faire les choix politiques sans négliger personne et d'en imprégner la culture interne.

Cultiver des leaders

Qu'est-ce qui donne aux collaborateurs d'une entreprise l'envie de prendre des initiatives et l'énergie de les mener jusqu'au bout ? La confiance qu'ils ont dans leurs leaders est plus importante que la sophistication des processus de gestion des ressources humaines. Leur comportement est modelé par les valeurs que véhicule le discours du leadership et par sa façon d'agir. Les entreprises performantes doivent rarement leur succès au seul génie d'un entrepreneur visionnaire ou au talent d'un manager providentiel. Ce sont avant tout des entreprises apprenantes, dont les dirigeants passent l'essentiel de leur temps à cultiver les talents de l'équipe de leadership et à façonner une culture humaniste.

Pépinière de leaders

Le nouveau processus d'évaluation des performances a bousculé les habitudes et provoqué quelques grincements de dents lors de son expérimentation en France. Mais la progression régulière de la motivation dans les deux enquêtes d'opinion qui ont suivi a permis d'éliminer les réticences des managers et le déploiement international s'est déroulé sans encombre. Tous les clignotants de la société sont au vert.

John Cinderella décide d'organiser une grande fête pour célébrer les vingt ans de Thelematics, avec les trois cents principaux collaborateurs du groupe, ainsi qu'une centaine de représentants de nos fournisseurs, partenaires et actionnaires institutionnels. Cent clients, tirés au sort parmi ceux dont la date anniversaire échoit le jour de la célébration, doivent se joindre à la fête.

Jacques Phidias, notre directeur de la communication, a trouvé un site parfait pour abriter l'événement, le château du Domaine des Trois Sources, près de Chantilly, facilement accessible du monde entier via Roissy.

Cinderella ouvre les festivités par un discours prophétique qui nous prend tous de court. Certains esprits lents se demandent même si notre fondateur n'est pas victime d'un moment d'égarement lorsqu'il nous parle au passé de son discours du xxᵉ anniversaire ! Il nous communique en fait de façon magistrale sa vision du parcours de Thelematics dans les dix années qui viennent, sa stratégie de consolidation de l'actionnariat du groupe et les valeurs partagées sur lesquelles il espère fonder notre succès collectif. Ce discours laissera une empreinte indélébile dans l'esprit des leaders de Thelematics.

Il est minuit passé lorsque je retrouve Jacques et John au bar pour savourer, après le dîner-spectacle musical et le feu d'artifice, un Monte Cristo numéro deux sur un fond d'Irish Coffee. Pierre

Montaigne et Thomas Kaas franchissent tour à tour la porte du bar et sont invités à se joindre à nous.

— Pierre, que penses-tu de cette soirée ? demande Cinderella.

— Une fête réussie, dans un lieu qui conviendrait parfaitement pour devenir la maison du groupe.

— Que veux-tu dire ?

— Qu'il serait temps de nous doter d'un centre de réunion et de formation où nos managers pourraient se retrouver et progresser ensemble et que le domaine des Trois Sources est à vendre.

Phidias intervient pour confirmer que le propriétaire est effectivement vendeur et qu'il serait possible d'aménager un campus moderne et des bâtiments d'hébergement, en respectant l'atmosphère du site.

— Hum... Cela ressemble à un guet-apens. Qu'en penses-tu, Philippe ? m'apostrophe John.

— Un investissement lourd, mais pas forcément déraisonnable.

— Le groupe a tout intérêt à se doter d'un lieu de rencontre international où nos managers d'origines très diverses tisseront les liens nécessaires à une vie efficace en communauté, commente Kaas. Il doit aussi se donner les moyens de concrétiser la volonté affichée par John de développer une équipe de leaders d'exception. Je serais ravi de revenir périodiquement ici pour quelques jours de formation qui me permettraient d'élargir mes compétences de *management et de consacrer mes rares loisirs à travailler avec mes pairs sur des problèmes stratégiques pour Thelematics.*

— Voilà ce que je propose, dis-je en me tournant vers John. Je construis avec Pierre et Thomas un cursus de formation pour nos managers d'aujourd'hui et de demain. Jacques prend contact avec le propriétaire des Trois Sources ; il élabore un projet d'investissement étayé par des scenarios d'occupation intégrant réunions et programmes de formation. Nous te présenterons ensemble le budget prévisionnel de Thelematics University.

John nous donne son accord. Il nous demande d'être prêts avant la prochaine réunion du conseil d'administration.

Du management au leadership

Le management est une fonction. « *Manager : personne en charge de contrôler/diriger* (dic. Harraps) ; *dirigeant d'une entreprise* (dic. Hachette) ». Temporaire par nature, le statut de manager confère à son bénéficiaire des droits (pouvoir de décision) et des devoirs (obligation de rendre compte à ses mandataires). Il modifie la perception de sa personne par les autres, avec le risque de polluer ses relations et de dénaturer son caractère.

Le leadership est souvent compris en France comme un statut. « *Leader : chef ou personne en vue* (dic. Hachette) ». C'est, dans son acception anglo-saxonne, un rôle. « *Leader : personne qui guide les autres, qui organise ou qui est responsable d'un groupe* (dic. Harraps) ».

L'aptitude à jouer ce rôle a fait l'objet de multiples analyses. Vous avez l'embarras du choix parmi les tests pour identifier en quelques minutes ou quelques heures vos atouts et vos faiblesses et cerner votre style de leadership : vous découvrirez facilement quels sont vos moteurs d'énergie et vos inhibiteurs ; si vous préférez jouer du commandement, de la conviction, du rêve ou de l'appel à l'aide ; si vous êtes plutôt un stratège visionnaire ou un manager opérationnel ; etc.

L'influence d'un leader dépend de sa personnalité, de son caractère, plutôt que de la fonction qu'il exerce. Comme le pianiste, le leader développe sa maîtrise personnelle au fil de l'expérience. C'est un processus sans fin, qui passe par des progressions foudroyantes et des rechutes.

L'apprenti leader a besoin de maîtres, comme l'artiste ou l'artisan. Les dirigeants des entreprises apprenantes passent plus de temps à former qu'à commander ; ils se préoccupent de tous leurs collaborateurs susceptibles de se trouver en position de leadership, bien au-delà de la garde rapprochée de leur équipe de direction.

Le mythe du manager infaillible

Septembre 2001 : *Business Week* distingue Jean-Marie Messier au palmarès des créateurs de valeur. Janvier 2003 : le même *Business Week* cloue J2M au pilori des pires managers de l'année. Que s'est-il passé ?

J'ai fréquenté un certain nombre de dirigeants. Pourtant, comme Diogène, je suis toujours à la recherche de l'homme parfait. Tous les leaders que j'ai pratiqués avaient autant de faiblesses que de forces : l'un était un grand opérationnel manquant de vision ; l'autre un fin politique dénué d'intérêt pour les hommes ; tel autre encore un réformateur un peu dilettante, un créatif à la recherche d'un consensus impossible, ou bien un gestionnaire méticuleux et caractériel ; l'un était confiné dans son organisation, l'autre se complaisait dans le rôle d'ambassadeur itinérant sans se préoccuper des luttes sans merci que se livraient ses barons.

La plupart ont connu de grands succès dans certaines entreprises et dans certains contextes. Ceux qui ont réussi le plus durablement le doivent à la pratique de l'introspection socratique, qui leur a permis de savoir s'entourer de talents complémentaires et de passer la main à temps.

Les entreprises sont d'ailleurs devenues trop complexes et leur environnement trop imprévisible pour qu'elles fonctionnent sur le modèle hiérarchique et séquentiel (stratégie/organisation/exécution) d'Henry Ford ou d'Alfred Sloan. L'apprentissage collectif dans l'entreprise contemporaine relève davantage d'une série de « *jam-sessions* » ou d'improvisations professionnelles, comme le dit joliment l'un de mes collègues, que de l'exécution d'une symphonie héroïque inventée par un créateur de génie. Cela implique, entre autres, que les dirigeants sachent se muer en suiveurs, dans certaines situations, plutôt que de s'accrocher au rôle de leader attaché à leur fonction.

Qui se souvient de Darwin Smith, qui a transformé Kimberley Clark ? De Joe Cullman, qui a fait la réussite de Philips Morris ? Ils font partie de la douzaine de dirigeants peu connus dont Jim Collins a retracé les exploits dans *Good to great*. Ils ont propulsé des entreprises banales au sommet de la performance, alors que leurs concurrentes pilotées par des dirigeants charismatiques connaissaient le déclin.

**« Les caractéristiques communes aux diri-
geants de ces sociétés qui se détachent du
peloton sont une certaine modestie, une
forte ambition pour l'entreprise et une
volonté inflexible. »**

Qui, en dehors des anciens de la firme, des clients qu'il a servis et des lecteurs de son ouvrage *The Will to Manage,* soupçonne le rôle qu'a joué Marvin Bower dans le formidable développement de McKinsey ? Marvin, qui se définissait dans ses mémoires comme un *« servant leader »*, exemplifiait les qualités redécouvertes par Collins. Constamment sur le terrain pour prêcher les valeurs de McKinsey, sans pour autant interférer avec la gestion des *Managing Directors* qui lui ont succédé, il n'hésitait pas à tancer le président de General Motors ou à interpeller ses partenaires. Il est resté actif bien au-delà de 90 ans.

On m'objectera la réussite de patrons charismatiques, comme celle de Jack Welch à la tête de General Electric, de Lou Gerstner dans le retournement d'IBM, de Bill Gates aux commandes de Microsoft. Mais, s'ils ne brillent pas par leur modestie, ces grands dirigeants ont plus de points communs qu'il ne paraît avec ceux dont Collins tresse les louanges. Gerstner a commencé, comme les « leaders de type 5 », par construire son équipe et stimuler la confrontation des idées plutôt que de s'absorber dans la réflexion stratégique qui aurait pu tenter cet ancien McKinsey. Gates n'a pas hésité à prendre des risques en plaçant ses meilleurs managers en position de saisir de nouvelles opportunités, plutôt que de défendre des positions acquises. Welch a continuellement sillonné le monde pour faire le tri dans ses *business* et encourager les managers les plus performants. Tous ont suivi une stratégie simple et cohérente. Tous l'ont appliquée avec une discipline de fer, tout en restant à l'écoute des réalités du terrain.

Il n'est pas indispensable d'être discret pour être un bon dirigeant. Une médiatisation bien maîtrisée est nécessaire pour diriger une grande entreprise. À condition toutefois de ne pas être aveuglé par le pouvoir, de ne pas devenir sourd aux conseils de son entourage et de ne pas faire fuir les meilleurs managers par un autoritarisme insupportable. C'est la transgression de ces règles qui a fait tomber nombre de dirigeants, comme elle avait provoqué la chute de Napoléon deux siècles plus tôt.

Équipes gagnantes

Ayant conservé précieusement l'exemplaire de *In Search of Excellence,* que m'a dédicacé Bob Waterman en 1982, je retrouve dans les principes de l'excellence les traits caractéristiques d'une équipe de leadership partageant une culture d'inspiration humaniste.

Qu'on en juge. Les champions de la performance distingués par McKinsey réunissaient les qualités suivantes :

- un biais pour l'action ;
- la proximité du client ;
- la culture de l'autonomie et de l'esprit d'entreprise ;
- la recherche de la productivité par (et non contre) les employés ;
- un management de proximité et par l'exemple ;
- la concentration sur un cœur de métier pour y progresser ;
- une organisation simple et dépourvue d'états-majors ;
- la fermeté dans les principes et la souplesse dans l'exécution.

On a beaucoup glosé sur les déconvenues ultérieures de plusieurs de ces champions américains de la performance, comme Caterpillar ou Digital.

N'empêche, IBM se porte plutôt bien, de même que Procter & Gamble ou 3M. Marriott Hotels est l'un de mes exemples favoris d'entreprise adaptative ; et Johnson & Johnson a reçu, en octobre 2002, le grand prix d'adaptabilité décerné par *The Economist.*

On retrouve des qualités similaires dans de nombreuses études ultérieures consacrées aux entreprises performantes.

Bruce Shaw a montré, dans *Trust in the Balance,* que les entreprises devaient, pour réussir dans la durée, construire des groupes de leadership dignes de confiance – à savoir intègres, concernés par les autres et capables de répondre à leurs attentes.

Les entreprises que Jim Collins a analysées dans *Good to Great* ont distancé progressivement et durablement le peloton de « performeurs » moyens dont elles faisaient partie. Il a trouvé notamment que leurs managers partageaient une culture de liberté, de rigueur et de responsabilité au service d'une cause plus grande que la simple recherche des profits.

Dirigeants jardiniers

Les dirigeants des entreprises performantes cultivent leur équipe de leadership. Ils reconnaissent l'existence d'une multitude de rôles, que l'on peut regrouper comme Peter Senge *(The Fifth Discipline)* en trois catégories : les leaders dirigeants, les leaders opérationnels locaux et les leaders de réseau.

Les leaders dirigeants sont les managers des deux ou trois premiers niveaux de l'organisation, qui ont un pouvoir de décision dans l'élaboration de la stratégie, les processus de gestion et l'initiative du changement.

Ils sont les porte-parole de la politique de l'entreprise vis-à-vis de ses parties prenantes et les comptables du respect de ses engagements. Leur fonction leur confère souvent une aura qui dépasse leur personne : certaines enquêtes ont montré que les « hauts » responsables étaient effectivement perçus avec quelques centimètres de plus que leur taille réelle... C'est à eux de donner une direction à l'ensemble de l'entreprise élargie et de créer un environnement favorable au développement de ses dirigeants.

Les leaders opérationnels locaux peuvent être des responsables d'usine, des chefs de produit, des animateurs d'équipe de vente, des chargés de compte, des spécialistes fonctionnels ou des directeurs de projet. Ils représentent collectivement la plus grande surface de contact avec toutes les parties prenantes de l'entreprise. Ce sont eux qui peuvent construire ou détruire des relations de confiance au cours des interactions avec leurs interlocuteurs.

Les leaders de réseau sont des consultants, des responsables de communication, de formation ou de gestion des carrières, ou des leaders opérationnels actifs dans une communauté d'intérêt. L'action de ces leaders de réseau tisse des liens entre les unités d'organisation de l'entreprise ; elle crée des vitrines pour ses compétences internes ; elle la dote d'outils d'observation pour détecter des opportunités ou des menaces.

« Comme le jardinier, le leader dirigeant doit veiller à l'harmonie du paysage et ne pas hésiter à déplacer certains sujets mal implantés. »

La distribution des rôles de leadership n'est pas une science exacte.

Un ancien fonctionnaire qui ne brille pas dans la gestion de centres de profit peut s'épanouir dans une carrière plus fonctionnelle. Un ex-consultant qui souffre dans un poste de leadership opérationnel peut révéler davantage ses talents comme leader d'une communauté d'intérêt consacrée, par exemple, au développement de nouveaux métiers.

Le dirigeant doit surveiller soigneusement le développement des graines de talent qu'il a semées, les arrosant par une formation appropriée ; il les traite au feed-back ; il les étaye par des mécanismes de reconnaissance encourageant l'initiative individuelle et la collaboration. Il ne doit pas hésiter à tailler et à élaguer les branches mortes, quand une équipe donne des signes de dysfonctionnement irrémédiable.

Façonner une culture humaniste

Que peut faire un dirigeant pour créer une culture humaniste ? Il dispose de trois principaux leviers : les rituels ou symboles dont il est l'ordonnateur ; le discours et le dialogue qu'il entretient ; les exemples de comportement qu'il donne ou qu'il encourage. Il doit prendre garde, en forgeant la culture de l'entreprise, à respecter la diversité des individus et à ne pas imposer un moule étouffant.

Open Space

Le domaine des Trois Sources est devenu le centre de réunion et de formation international du groupe Thelematics. Jacques Phidias a fait restaurer avec minutie le château dans l'aspect qu'il avait il y a deux siècles, reconstituant les boiseries, les mosaïques et les décors de pierre dans leur beauté originelle. Le château abrite la vie festive et conviviale des hôtes du domaine.

L'architecte a conçu et construit un forum de travail où se déroulent les réunions et les sessions de formation. Le verre, le bois et le béton, soutenus par une armature de cuivre, donnent au bâtiment une chaleur, une légèreté et une transparence telles qu'il se fond dans le paysage du parc et qu'il cohabite harmonieusement avec le château. Les équipements informatiques et audiovisuels sont discrètement intégrés dans l'ensemble.

Les chambres de conception résolument monacale offrent aux hôtes un repos confortable au sein de bâtiments enfouis dans la forêt.

Dirigeants et managers s'y retrouvent plusieurs fois par an, seuls ou en compagnie de partenaires extérieurs, pour des rencontres qui permettent aux participants de tisser des liens communautaires tout en partageant leurs expériences et en construisant des solutions créatives pour résoudre les problèmes ou saisir les opportunités.

C'est à l'occasion de l'une de ces rencontres que je discute avec Henri Knock et Alain Sirius du besoin de changer les modes de travail du Comité exécutif.

– Alain, qui est nouveau venu au COMEX, me fait observer que nos réunions sont efficaces mais trop routinières.

– Oui, renchérit Sirius, je trouve que nous sommes trop disciplinés pour être créatifs et trop rationnels pour tirer parti de notre intelligence émotionnelle. Nous devrions organiser une retraite aux Trois Sources avec un coach externe pour nous remettre en question et nous redynamiser.

Henri Knock nous fait observer que si nous devons réformer les modes de travail du Comité exécutif Groupe, il serait judicieux d'étendre l'opération à l'ensemble des comités de direction des filiales. Pierre Montaigne suggère que nous y associions également les membres du Comité consultatif Groupe, qui a été créé après les rencontres du vingtième anniversaire pour faire remonter au COMEX les préoccupations des salariés.

Nous nous retrouvons quelques mois plus tard avec une quarantaine de cadres dirigeants impliqués dans les comités de direction et les dix représentants des salariés au Comité consultatif. La réunion est animée par Vincent Gestalt, un ancien associé d'Index Consulting qui a fondé une école de coaching.

Nous consacrons la majeure partie de la première demi-journée à pratiquer des exercices d'inclusion, destinés à permettre aux participants de mieux se connaître et à faire tomber les préjugés susceptibles de s'opposer à l'émergence du dialogue.

Je fais le point avec Gestalt au cours du dîner. Cinderella, qui m'a laissé le leadership de l'opération, partage avec nous ses premières impressions.

- Je vous avoue que j'étais inquiet en arrivant. Consacrer une heure à nous préparer en sous-groupes avant de nous présenter, alors que la plupart d'entre nous se connaissent déjà, me paraissait totalement farfelu.

Je dois reconnaître que cet exercice d'inclusion m'a permis de découvrir la personnalité de collègues que je côtoyais sans les connaître et de mieux comprendre les attentes de chacun ; et le portrait chinois des membres du Comité exécutif, représenté par les dirigeants des filiales comme un attelage de chiens de traîneau et par les représentants des salariés comme une meute de chiens de chasse, nous a tous interpellés.

– Qu'avez-vous prévu pour demain ?

– Rien, répond Vincent Gestalt en nous regardant avec un sourire angélique.

– Vous avez dit « Rien » ?

– Oui, rien. Nous allons fonctionner en Open Space. Faites-moi confiance.

C'est la mine un peu fatiguée que nous nous retrouvons le lendemain matin. Vincent Gestalt nous explique les principes de cette journée où le groupe va s'auto-organiser pour traiter les sujets qu'il choisira spontanément.

La bourse aux ateliers démarre. Alain Sirius et Pierre Montaigne montent sur la scène de l'amphithéâtre pour proposer des thèmes de discussion et sont suivis par une dizaine d'autres volontaires. Les participants se bousculent pour s'inscrire aux groupes de leur choix. Une demi-heure plus tard, ils se dispersent pour participer au premier cycle d'ateliers.

La journée se termine sur une riche moisson d'idées pour rénover les organes de direction de Thelematics. Le COMEX décidera, quelques jours plus tard, d'organiser tous les trimestres une réunion conjointe avec le Comité de direction de l'une des filiales et d'inviter un membre du Comité consultatif à y participer. Alain Sirius et Pierre Montaigne se chargent d'élaborer un code de bonne conduite des cadres dirigeants et de mettre en place un processus d'évaluations croisées. Cinderella s'attaque à une révision de son discours du vingtième anniversaire, qu'il communiquera par Internet à tous les salariés du groupe. Il m'invite à le suivre avec Henri Knock dans une vaste tournée des implantations qui nous conduira à dialoguer avec l'ensemble de nos collaborateurs au cours de réunions d'étape à travers le monde.

Des rites et des symboles

Les symboles jouent un rôle déterminant dans la formation de la culture. S'attaquer à des symboles de luxe, comme les salles à manger ou les parkings gratuits, a été pour moi le meilleur moyen de signaler, à une horde indisciplinée de banquiers d'affaires, le passage d'une culture dispendieuse à une culture plus frugale.

Le choix d'une implantation pour l'entité fusionnée a été l'objet des débats les plus vifs lors de la fusion entre Bossard et Gemini Consulting : plus que les avantages ou les inconvénients pratiques liés au choix d'une localisation, s'installer chez l'une ou l'autre des parties prenantes avait une portée symbolique majeure. Nous avons fini par nous installer tant bien que mal chez Bossard, non sans avoir exploré de nouvelles implantations ou rêvé de rénovations.

Le premier geste d'un dirigeant qui se veut humaniste est d'aller à la rencontre des autres : visiter les clients, faire la tournée des sites de production ou des équipes de projet, rencontrer les fournisseurs. Comment serait-on crédible dans un discours sur le capital humain en passant ses journées enfermé dans un bureau, en convoquant tous ses interlocuteurs dans une salle de réunions privée ou en se contentant des mails et des téléconférences pour communiquer ?

Le corollaire de ce management baladeur, c'est la politique des portes ouvertes : chez Hewlett Packard comme chez Gemini, pas besoin de demander un rendez-vous ou de frapper à la porte pour voir le Boss. Les dirigeants sont prêts à l'intérieur de certaines plages horaires à accueillir n'importe quel collaborateur pour écouter une doléance, discuter d'une suggestion ou prodiguer un conseil. Ils peuvent, à la limite, s'installer au milieu de leurs troupes pour travailler dans des espaces ouverts, comme nous l'avons fait pendant plusieurs années chez Gemini.

> **« Le rituel des réunions est l'un des principaux symboles de la culture. »**

Qui n'a pas connu l'ennui de ces réunions de service dont le seul bénéficiaire est le chef, qui s'informe de la marche des affaires et fait passer ses ordres ? Qui ne s'est pas amusé des réunions spectacles où chacun rivalise d'efforts pour mettre en valeur ses exploits et minimiser ses échecs ? Qui n'est pas sorti frustré de séances de bavardage, où l'on pratique la langue de bois pour tourner en rond autour des vrais sujets en évitant l'affrontement et dont on repart sans conclusion ?

Quelques retouches au rituel des réunions peuvent entraîner un grand pas en avant dans la direction d'une culture humaniste : construire le calendrier des évènements impliquant les dirigeants afin que tous ceux qui contribuent au leadership aient l'occasion d'y participer ; se préoccuper de la pertinence des participants à chaque réunion plutôt que de leur position hiérarchique ; traiter hors réunion ce qui relève de l'information ou de la communication plutôt que du dialogue.

Quelques règles de bonne conduite, bien connues des consultants de Gemini, ont perduré chez la plupart de nos clients :

- donner à chacun l'occasion d'exprimer ses attentes ;
- laisser les armes au vestiaire (pas de missiles !) ;
- encourager la libre expression ;
- s'en tenir à l'horaire convenu ;
- prendre le temps de dresser un bilan de la réunion et d'en tirer les enseignements.

Il pourrait paraître superflu de s'attarder sur ces règles d'hygiène professionnelle dans un chapitre consacré au rôle des dirigeants. Que ceux qui ont fréquenté les comités de direction générale me jettent la pierre, s'ils n'ont pas constaté comme moi que la spontanéité se raréfiait, comme l'oxygène, avec l'altitude…

Je recommande aux lecteurs intéressés par l'usage des rites et des symboles de lire *Who Says Elephant Can't Dance ?* Louis Gerstner y raconte comment il a lancé la révolution culturelle d'IBM par un geste symbolique – interrompre la présentation rituelle de l'un des dirigeants – et par la réforme des comités de direction. Il montre aussi comment il est possible de faire passer ses messages à 300 000 collaborateurs, grâce à l'e-mail et à la communication externe.

L'expression des valeurs

De quoi parlez-vous quand vous vous adressez à vos collaborateurs ? Combien de temps consacrez-vous dans votre discours aux prouesses qu'ils ont réalisées pour satisfaire les clients ? Abordez-vous avec la même franchise ce qui ne va pas comme ce qui va ? Prenez-vous le soin de faire le lien avec une ambition stratégique, si vous commentez les performances financières ?

Beaucoup de dirigeants ne manquent pas une occasion de parler croissance du chiffre d'affaires, productivité, taux de marge, rendement des capitaux ou création de valeur actionnariale avec leurs managers. Mais où sont les hommes dans ce discours ou ces conversations ? Comment inciter l'ensemble des leaders de l'entreprise à s'engager dans un projet qui embrasse l'expérience des clients, le développement des collaborateurs ou la collaboration avec les fournisseurs, si ces sujets ne sont abordés que dans un refrain du rapport annuel ?

Le verbe est l'un des outils les plus puissants du dirigeant. Lou Gerstner l'a utilisé avec la même efficacité pour transformer la culture d'American Express et celle d'IBM que Marvin Bower pour forger celle de McKinsey…

L'exemple des comportements

« Les discours ne résistent pas longtemps à l'épreuve des faits, si le comportement des dirigeants vient contredire les valeurs affichées. »

Walk the talk, vous diront vos collègues américains ; pratiquez vous-mêmes ce que vous enseignez. Si vos valeurs prônent le travail en équipe, abstenez-vous d'ourdir des complots et ne tolérez pas une lutte à couteaux tirés entre deux membres du comité de direction. Si vous proclamez votre attachement à l'amusement au travail *(fun),* n'hésitez pas à participer à des activités de détente collective *(team building) :* il y a toujours moyen de le faire sans forcer artificiellement sa personnalité et tomber dans le ridicule.

Les comportements que vous récompenserez ou que vous châtierez chez les autres seront interprétés avec la même attention que vos propres comportements.

L'une des contributions majeures que j'ai eue à la dissémination des valeurs de Gemini, avec mes collègues du comité de nomination des vice-présidents, c'est d'avoir refusé la candidature de l'un de nos consultants les plus brillants et les plus appréciés des clients, parce qu'il avait traité de façon inacceptable certains membres de ses équipes.

Comment définir a contrario un bon comportement de dirigeant humaniste ? Je renverrai volontiers mes lecteurs à la lecture de l'excellent ouvrage du psychiatre Scott Peck – *The Road Less Travelled.* C'est en se consacrant de manière authentique au développement spirituel de quelques êtres choisis que l'on exprime l'amour véritable. C'est en se consacrant avec la même sincérité au développement professionnel de son équipe de leadership que l'on démontre son intérêt pour l'homme.

Âmes pesantes

Les entreprises ont besoin d'une âme et cette âme, ou culture d'entreprise, est forgée par les discours et les actes des dirigeants. Attention néanmoins aux excès !

> « Le risque auquel doivent être sensibles les managers, c'est de construire une culture tellement forte qu'elle dégénère en conformisme. »

J'ai travaillé avec des entreprises remarquables comme Citibank ou American Express et je crois que la force de leur culture est devenue à un certain moment de leur histoire un handicap, les empêchant d'admettre la nécessité de changer de stratégie et de repenser en conséquence leur culture. Il en a été de même pour IBM avant l'arrivée de Lou Gerstner.

J'ai senti le poids de la culture chez McKinsey, lorsque j'ai conçu le projet de développer une nouvelle offre – d'arrangeur de mariages et d'alliances – dont je sentais le besoin au sein du secteur financier européen : les besoins étaient patents et les banquiers d'affaires handicapés par les conflits d'intérêt.

En dépit de la liberté d'expression et de l'esprit d'entreprise qui régnaient dans la firme, mes collègues étaient tellement bâtis sur le même modèle, parfaitement adapté à leur vision de notre mission, que j'ai abandonné l'idée de promouvoir une telle innovation de l'intérieur.

C'est ce qui m'a poussé à tenter l'aventure dans une banque d'affaires, à tâter des *Leverage Buyout* et des restructurations et qui m'a séduit plus tard dans l'offre de Gemini Consulting, alors en pleine phase de développement et d'expérimentation : j'avais envie de laisser mon empreinte quelque part. C'est ce besoin fondamental qui explique, davantage que la perspective de l'argent facile, le pouvoir de séduction des start-up pendant la bulle Internet.

Synthèse 2

Votre entreprise cultive-t-elle l'humanisme ?

Sait-elle gagner la confiance de ses clients ?

Que sait votre entreprise de ses clients ? De leurs attentes ? De leurs motifs de satisfaction ou de mécontentement ?

Pour quoi est-elle réputée auprès de ses clients ? Lui sont-ils fidèles ? Sont-ils prêts à préconiser ses produits ou ses services ?

Comment gère-t-elle l'accueil des nouveaux clients ? Que fait-elle pour récupérer les clients perdus et comprendre ce qui s'est passé ?

Que fait-elle pour leur apporter plus de valeur ?

Comment votre entreprise réagit-elle aux fluctuations de la demande ?

Quelles innovation a-t-elle réalisé depuis dix ans ? Au cours des douze derniers mois ?

Qu'ont-elles apporté aux clients ?

Qui en ont été les principaux acteurs au sein de l'entreprise ? Parmi ses partenaires extérieurs ? Quels bénéfices ont-ils retiré de leur contribution ?

Est-ce une bonne pépinière de talent ?

Êtes-vous fier de votre entreprise ? Avez-vous plaisir à y travailler ? Vous aide-t-elle à vous développer ?

Vos sentiments sont-ils partagés par la plupart des collaborateurs ? Se sentent-ils traités de façon équitable ?

Recrutez-vous plutôt plus facilement ou moins facilement que vos concurrents ? Pourquoi ?

Avez-vous du mal à retenir vos cadres les plus talentueux ? Que leur offrez-vous ?

Les anciens collaborateurs restent-ils attachés à votre entreprise ?

Comment cultive-t-elle ses leaders ?

Combien de membres l'équipe de leadership compte-t-elle, selon vous ? Quelle proportion d'entre eux connaissez-vous ? Quelle proportion d'entre eux vous appelle-t-elle par votre prénom ?

Quelles sont les principales qualités des personnes qui vous ont le plus marqué ? Qu'avez-vous apporté à celles que vous avez transformées ?

Comment l'équipe dirigeante réagit-elle face à une situation d'échec ?

Comment les dirigeants façonnent-ils la culture ?

Quel est le style des réunions ? Sont-elles généralement enrichissantes ? Sont-elles efficaces ?

Comment les dirigeants passent-ils leur temps ? Comment communiquent-ils ? Qui sont leurs interlocuteurs les plus fréquents ? De quoi leur parlent-ils ? Mettent-ils en pratique les valeurs qu'ils affichent ?

Si les cadres d'avenir dans votre société étaient des animaux, à quoi ressembleraient-ils ? À un castor ? À un tigre ? À un renard ? À un éléphant ?

Partie 3

Gouverner par le dialogue sur les politiques de l'entreprise

« Un modèle étriqué – le syndrome de l'égoïsme – a pris possession de nos entreprises, de notre société et de nos esprits. Nous ferions bien d'y introduire d'autres considérations avant qu'il ne s'effondre complètement. »

Henry MINTZBERG

Le rôle des mandataires sociaux – administrateurs, membres de directoire ou de conseil de surveillance, etc. – est de gouverner l'entreprise pour pérenniser son développement, en respectant la loi et la lettre, mais aussi l'esprit du mandat qu'ils ont reçu. Ils doivent être capables de construire des relations de confiance avec les investisseurs, de dialoguer avec l'ensemble des parties prenantes de l'entreprise et de réfléchir aux choix politiques qui engagent son avenir. La gouvernance de chaque entreprise peut être organisée afin leur en donner les moyens, dans le cadre d'une constitution qui engage l'ensemble des acteurs et qui respecte l'équilibre des pouvoirs.

Le gouvernement d'entreprise est un thème à la mode. Les études succèdent aux colloques, les codes de bonne conduite se multiplient et les régulateurs en tout genre fourbissent leurs armes. Les Américains ont dégainé les premiers avec la publication de la loi Sarbanes-Oxley, dont les dispositions constituent une mise à niveau par rapport aux pratiques de la plupart des pays européens dans certains domaines, mais vont plus loin dans d'autres – par exemple, l'intervention obligatoire d'un comité d'audit composé d'administrateurs indépendants dans le choix des auditeurs. La France s'est engagée dans la mise en œuvre des recommandations des rapports Viénot et Bouton et la loi sur les Nouvelles Régulations Économiques a ouvert la possibilité de séparer clairement le pouvoir exécutif du pouvoir de contrôle dans les sociétés à conseil d'administration, comme dans les sociétés à directoire et conseil de surveillance.

De nouveaux domaines de réglementation potentielle apparaissent au fil de l'actualité, comme la consultation des actionnaires sur la rémunération des dirigeants – là, ce sont les Néerlandais et les Anglais qui ont tiré les premiers. La gouvernance des sociétés opérant ou faisant appel aux marchés de capitaux dans de multiples pays s'annonce déjà comme un cauchemar pour leurs dirigeants et comme un filon pour leurs avocats.

Loin de moi l'idée de nier la nécessité de fixer par des dispositions législatives et réglementaires quelques règles de jeu, dont on peut seulement espérer qu'elles seront aussi simples et aussi cohérentes que possible, en tous cas au plan européen. La mise en effet de plus en plus fréquente de la responsabilité juridique des administrateurs a largement contribué à faire évoluer les pratiques de gouvernance. Mais on mise trop sur la régulation et insuffisamment sur l'expérimentation et la dissémination de bonnes pratiques. La multiplication de lignes Maginot réglementaires ne suffira pas à arrêter les déviances de dirigeants manquant de compétences ou de scrupules et à assurer la pérennité des entreprises, en leur permettant de s'adapter aux circonstances sans trahir les intérêts des propriétaires et de l'ensemble des parties prenantes.

Les buts politiques et l'équilibre des pouvoirs de gouvernement relèvent d'un choix des actionnaires de chaque entreprise. Plus ou moins abordé lors de l'élaboration des statuts ou de la négociation d'un pacte d'actionnaires, ce cadre constitutionnel fait rarement l'objet des débats qu'il mériterait, au fur et à mesure que l'entreprise et son environnement évoluent.

« Les politiques d'une entreprise ne peuvent pas être figées. Elles doivent faire l'objet d'un apprentissage collectif de tous ses acteurs. »

Cet apprentissage ne peut naître, comme Peter Senge l'a montré dans *The Fifth Discipline,* que d'un dialogue dans lequel les individus suspendent leurs préjugés et leurs hypothèses pour se mettre en état de penser ensemble.

Les anciens ont inventé le terme « Économie » pour parler de l'administration de la cité – et pas seulement de la production et de la distribution des richesses. Ils nous ont laissé l'héritage du droit romain et de la démocratie citoyenne des Athéniens.

L'idée de s'inspirer de la culture communautaire et des processus démocratiques des citoyens d'Athènes, dans l'organisation des entreprises, a déjà été défendue dans un article de la *Harvard Business Review* (« Building a Company of Citizens », par Brook Manville et Josiah Ober) dans le cadre d'un numéro spécial consacré à la motivation des collaborateurs.

Les entreprises pourraient progresser considérablement dans leurs méthodes de gouvernement, si elles élaboraient une constitution, adaptée à leur contexte, conférant à des mandataires sociaux capables de jugement indépendant la responsabilité et les moyens d'instaurer avec les dirigeants, investisseurs et autres parties prenantes un dialogue authentique sur le choix politique de leur entreprise.

Rallier les investisseurs à un projet

C'est en démontrant qu'elles poursuivent un projet créateur de valeur que les entreprises peuvent répondre aux attentes des investisseurs et les fidéliser dans la tourmente des marchés financiers. Les mandataires sociaux doivent leur inspirer confiance en veillant à la pertinence et à la qualité de l'information mise à leur disposition pour comprendre les enjeux financiers et pour valoriser les actifs intangibles – réputation, qualité du management – de l'entreprise. Ils doivent participer activement à la communication de l'entreprise avec l'ensemble des investisseurs et à la gestion de leurs attentes.

Assemblée générale ordinaire

Je fais partie depuis un an du conseil d'administration de Thelematics et je participe à ce titre à l'assemblée générale des actionnaires, présidée par Cinderella.

Henri Knock, devenu directeur général du groupe après avoir créé et dirigé la branche Thelemedical, vient de présenter les résultats. Il insiste sur l'amélioration de la marge opérationnelle et sur la poursuite de la croissance, malgré la morosité des économies occidentales, grâce à la percée de Thelematics dans les marchés asiatiques. Il passe la parole à sir Brian Savings, représentant du principal investisseur institutionnel – le Scottish Orpheans Fund – au conseil d'administration et président du comité d'audit.

— Je ne puis que confirmer les commentaires du docteur Knock sur les performances financières, déclare sir Brian. Nous avons longuement discuté avec les auditeurs de l'introduction des nouvelles normes comptables IAS et constaté avec satisfaction que la direction de Thelematics a choisi de ne pas profiter de l'étalement possible des dépréciations d'actifs pendant la période de transition. Nous avons également demandé aux auditeurs un rapport spécial sur la comptabilisation du programme de stock-options que vous avez voté à la dernière assemblée et sur celle des engagements liés aux retraites. Vous en trouverez les principales conclusions dans le rapport annuel et vous pourrez constater que ces éléments sont correctement pris en compte dans les résultats.

Savings est interrompu par une intervention de Claire Neubourg, la présidente de MACAO (Mouvement d'Action Collective des Actionnaires Ordinaires), qui demande ce que la direction et le conseil comptent faire pour s'assurer que tous les actionnaires soient tenus au courant des réactions des analystes financiers à la publication des résultats.

— Ces informations sont régulièrement mises à jour sur le site My Thelematics, qui est opérationnel depuis le début de l'année, répond Henri Knock. Nos actionnaires peuvent également poser leurs questions à travers le chat-room qui leur est réservé.

— Nous avons également demandé à Scrutator, l'agence de notation créée par Nicole Tanot à l'issue d'une brillante carrière de syndicaliste, de procéder à une évaluation approfondie de la performance sociale et environnementale de Thelematics, après la dégradation de sa notation l'an dernier, ajoute Savings.

— Pourquoi cette dégradation ? interroge un actionnaire.

— C'est à la suite du décès accidentel d'un client, due à la défaillance d'une puce dans le boîtier de surveillance cardiaque, répond Henri Knock.

— Pourquoi cet accident a-t-il fait tant de bruit ? demande l'actionnaire. N'aurions-nous pas pu régler l'incident dans la discrétion avec la famille de la victime ?

Sir Brian explique que le comité d'audit approuve pleinement, ne serait-ce que pour des raisons éthiques, la politique de transparence qu'a choisie la Direction en communiquant sur l'incident et sur les mesures prises pour rappeler les boîtiers défaillants.

— L'image de Thelematics dans le public n'en a pas vraiment souffert, bien au contraire, ajoute sir Brian.

— Notre site Web a effectivement été envahi de messages d'encouragements, fait observer Henri Knock. Nos clients ont compris le caractère imparable de ce genre d'incident et nous ont félicité pour notre professionnalisme dans la gestion de cette crise. D'ailleurs, notre cours a rapidement renoué avec ses niveaux historiques, après une brève période de décrochement.

— J'ajoute que Scrutator a décidé, après son enquête, de réviser sa notation à la hausse, renchérit sir Brian. Thelematics décroche la note maximum pour huit des douze indicateurs retenus par Scrutator, notamment pour le niveau de confiance de ses clients, mais aussi pour les pratiques de gestion des relations avec ses collaborateurs et pour sa contribution au développement économique de zones déshéritées.

Savings passe la parole à Michel Cornelius, qui préside désormais le comité des Ressources Humaines et des Rémunérations au sein du conseil. Celui-ci commente l'évolution des rémunérations des dirigeants et se félicite de la mise en œuvre du plan d'évaluation et de rétribution des performances dans l'ensemble des filiales. Il propose le maintien des jetons de présence à leur niveau actuel.

Un actionnaire intervient pour s'informer de l'évolution de l'écart entre la rémunération des dirigeants et celle des employés ; il demande ce que la direction compte faire pour satisfaire pleinement les obligations de reporting en matière de développement durable.

Cinderella conclut la discussion en proposant de fixer le dividende à 50 centimes d'euro par action, conformément à la politique du groupe de distribuer la moitié du résultat net. Il annonce le lancement d'une importante campagne de communication pour expliquer l'incidence des nouvelles normes comptables *aux analystes financiers et aux banquiers du groupe, avec la participation active de tous les membres du comité d'audit. Il promet que le volet social du reporting sera complété et que le comité des Ressources Humaines et des Rémunérations en prendra la responsabilité.*

Informer les investisseurs

L'expérience que j'ai des conseils d'administration m'interpelle parfois sur la manière dont ils s'acquittent de leur mission fondamentale : assurer la qualité du dialogue entre l'entreprise et les investisseurs. J'ai constaté que les relations avec les analystes, les agences de notation, les actionnaires et autres apporteurs de capitaux étaient bien souvent l'apanage du président et du directeur financier, sans pour autant qu'ils en rendent compte systématiquement aux administrateurs.

Les responsabilités croissantes données aux comités d'audit et les garde-fous introduits dans leur fonctionnement par la plupart des pays sont de nature à limiter les risques de surprise dans l'information financière. Les analystes ont l'opportunité de poser un vaste éventail de questions dans les *road-show*. Les actionnaires qui participent aux assemblées ont de plus en plus fréquemment la possibilité d'interroger directement des managers opérationnels.

Je trouve cependant normal que les mandataires sociaux et leurs organes de contrôle politique – Conseil d'administration ou Conseil de surveillance – soient considérés comme dépositaires et ultimes responsables des intérêts des propriétaires dont ils tirent leur légitimité et comptables de ceux des autres investisseurs. À condition de se faire donner les moyens de veiller à la qualité des informations et de gérer les attentes des investisseurs.

Malgré la diversité de leurs attentes, les investisseurs ont pratiquement tous en commun l'espoir d'un retour sur investissement. Ils s'intéressent donc de près à la qualité des informations sur les performances financières et à la mesure des risques, en s'appuyant principalement sur les résultats passés, sur les objectifs annoncés et sur la capacité démontrée des dirigeants à respecter leurs prévisions.

La complexité croissante des entreprises et la montée en puissance des incertitudes ont brouillé ces repères. Certes, les contrôles d'Andersen chez Enron ont été défaillants, tout comme ceux des auditeurs de World Com ou d'Ahold. Mais les lecteurs qui ont participé de près à des opérations d'audit savent comme moi qu'aucune réglementation ne peut garantir la bonne mesure des performances et l'appréciation correcte des risques. De plus, ceux qui ont eu à publier des résultats savent que le respect des prévisions tient souvent davantage d'une gestion prévoyante de « réserves » comptables que d'un génie de l'anticipation.

L'accumulation de mauvaises surprises de ces dernières années a conduit à deux types de réaction : le durcissement des normes – standardisation comptable, codes de bonne conduite, réglementation des professions d'audit ou d'analyse financière, etc. –, et le repli sur soi de dirigeants de plus en plus nombreux à refuser de s'engager sur des prévisions.

Les mandataires sociaux ont le devoir de connaître les limites de la mesure des performances financières, de contrôler la qualité de l'information fournie et de la compléter par une plus grande sensibilisation des investisseurs aux critères non financiers utilisés depuis longtemps par de nombreux analystes financiers.

Mesurer les performances financières

Mes années à l'INSEE m'ont inculqué une attitude ambivalente vis-à-vis des informations chiffrées. D'un côté, je ressens profondément le besoin de fonder mes jugements sur des données factuelles et de vérifier dans un dialogue que mes interlocuteurs partent bien des mêmes hypothèses que moi. Deux pour cent d'inflation ou dix pour cent de marge me parlent plus qu'une « inflation faible » ou une « bonne rentabilité ». D'un autre côté, j'ai appris à relativiser l'exactitude des chiffres et à me méfier des interprétations hâtives. « *Il y a des mensonges, de gros mensonges et enfin des statistiques* », disait Disraëli.

Tenir une comptabilité est indispensable à tout gestionnaire d'entreprise, quelle qu'en soit la finalité, et il est normal que ses bailleurs de fonds lui demandent des comptes sur les recettes, les dépenses, le patrimoine ou les dettes de l'institution qu'il gère. S'agissant d'entreprises privées dans lesquelles les investisseurs s'engagent dans le but d'en tirer un bénéfice, il me paraît incontestable que le résultat d'exploitation, le *cash flow,* le bénéfice net ou le rendement des capitaux investis doivent faire partie du viatique des dirigeants et de leurs principaux sujets de discussion avec les actionnaires ou les banquiers.

À condition toutefois de ne jamais oublier que ces données « objectives » ne sont que le produit de conventions comptables, qui peuvent varier d'un pays à l'autre ou d'une période à l'autre :

derrière les discussions en cours sur les normes comptables de valorisation des actifs se cachent des enjeux économiques majeurs dans la concurrence entre l'Europe et les États-Unis.

À condition encore de comprendre les limites de toute convention, qui ne saurait prévoir tous les cas de figure : établir une provision, évaluer un actif, prendre en compte un effet de change ou un changement de périmètre, ou révéler un engagement hors bilan relèvent plus souvent d'un choix politique que de l'application de règles simples.

> **« Rien n'est plus difficile, pour un manager honnête, que d'éviter l'arbitraire et rien n'est plus facile, pour un dirigeant malhonnête, que de contourner les conventions. »**

À condition enfin de faire bon usage des données, c'est-à-dire de donner à chaque partie prenante les moyens de faire le tri entre les informations pertinentes et les chiffres sans importance particulière et de les interpréter : un rendement des capitaux de 6 ou 8 % peut être fort honorable dans un contexte d'inflation à 2 %, alors qu'il aurait été notoirement insuffisant dans une inflation de 10 %. Une société qui ne distribue pas de dividendes, mais dont le titre se valorise, n'est pas forcément une mauvaise affaire pour ses actionnaires. La valorisation d'une entreprise est censée refléter les résultats escomptés dans le futur ou la valeur hypothétique de cession de ses actifs, alors que la comptabilité ne mesure que le passé.

Contrôler la qualité de l'information fournie

Une information financière de qualité doit satisfaire trois critères : respecter les conventions comptables en usage ; n'omettre aucun élément pertinent pour apprécier les performances, la situation et les risques financiers ; faciliter l'interprétation des données brutes.

Les mandataires sociaux n'ont pas les moyens de vérifier le travail des experts-comptables et/ou des auditeurs. Mais rien ne les empêche, ni de participer à leur sélection, ni de se faire expliquer par un spécialiste du secteur les principaux concepts comptables et les conventions à connaître pour poser les bonnes questions : j'ai fait mes premiers pas de consultant dans le monde fermé de l'assurance en m'imprégnant d'un petit bréviaire comptable de quelques pages.

Le meilleur moyen d'éviter les omissions est de s'intéresser de près aux provisions et aux engagements hors bilan. Le renouvellement périodique et le doublonnage des commissaires aux comptes sont de nature à limiter les risques de collusion pour dissimuler des opérations comptables créatives. Par ailleurs, les administrateurs ont toujours la possibilité d'interroger les auditeurs sur leur processus de travail, de s'inviter à des réunions préparatoires à l'approbation des comptes par le conseil ou de rencontrer séparément les intervenants, en cas de doute.

Les mandataires sociaux non exécutifs peuvent également interpeller les dirigeants sur l'interprétation des performances et contribuer à la qualité de l'information des investisseurs par la pédagogie : à quelles informations s'intéresser pour apprécier la situation financière ? Pour anticiper l'évolution des résultats ? Quels sont les principaux domaines d'incertitude ?

Maîtriser la compréhension des fondamentaux

Le Centre for Business Innovation de Cap Gemini Ernst & Young a mené pendant plusieurs années des recherches sur le rôle des actifs « intangibles » (ambiance de travail, fidélisation des clients, crédibilité du management, image de marque, etc.) dans la valorisation financière des entreprises. Il en ressort que ces attributs extra-comptables comptent tout autant que la valeur des actifs ou passifs tangibles inscrits au bilan dans la formation du cours de l'action.

Les travaux du CBI ont débuté par une enquête auprès d'un échantillon d'analystes financiers et d'investisseurs institutionnels. Ils ont permis d'identifier une dizaine de paramètres qualitatifs, qui représentent en moyenne le tiers des critères utilisés par ces analystes dans leurs évaluations :

- la mise en œuvre de la stratégie annoncée ;
- la crédibilité des dirigeants ;
- la qualité des choix stratégiques ;
- la capacité d'innovation ;
- l'aptitude à attirer des hommes et des femmes de talent ;
- les parts de marché ;
- l'expérience des managers ;
- les règles de rémunération des dirigeants ;
- la qualité des principaux processus de management ;
- les avancées en matière de recherche.

Ces recherches ont été approfondies par l'étude des résultats des introductions en bourse, sur une vingtaine d'années, aux États-Unis. Le rapprochement entre la valorisation du cours de l'action et des mesures objectives des paramètres qualitatifs, comme des enquêtes d'opinion ou des notations par des organismes indépendants, a permis d'établir que ces paramètres expliquaient en moyenne la moitié de la création de valeur.

Ces résultats ont été corroborés par de nombreuses monographies et analyses sectorielles, qui ont également révélé les variations d'importance et de composition des actifs intangibles d'un secteur à l'autre.

N'est-il pas dommage qu'aussi peu d'entreprises fassent l'effort de déplacer le terrain du dialogue avec les investisseurs vers ces fondements du *business model,* des hommes et de l'organisation et de les aider à les interpréter avec leurs critères, plutôt que de se focaliser sur le mirage d'une prévision financière à six mois ? Qui est mieux placé pour le faire que les mandataires sociaux, en particulier les mandataires non exécutifs (administrateurs non dirigeants ou membres des conseils de surveillance) ?

Gérer les attentes des investisseurs

La capacité d'une entreprise à poursuivre une politique cohérente dépend, particulièrement dans un environnement instable, de la qualité des relations entre ses dirigeants et ses propriétaires. D'autres parties prenantes, comme les collaborateurs et leurs instances de représentation, les clients, les régulateurs, etc., exercent bien sûr un rôle déterminant dans sa destinée. Mais le pouvoir appartient fondamentalement à ses propriétaires et, s'ils sont différents, aux dirigeants à qui les propriétaires ont confié la responsabilité de gestion.

Le système de relations entre dirigeants et propriétaires se présente différemment, selon qu'il s'agit de la sphère publique ou privée, d'entreprises cotées ou non, locales ou internationales, petites ou grandes, etc. Il dépend bien évidemment de l'architecture financière et des formes juridiques adoptées. Mais il se complique dès qu'on dépasse le stade d'une entreprise purement individuelle : les relations avec le fondateur ou ses héritiers dans une entreprise familiale peuvent tourner au cauchemar pour les managers ; les relations entre un entrepreneur et des investisseurs financiers ne sont pas forcément simples dans une start-up.

> **« Les mandataires sociaux constituent le trait d'union naturel entre dirigeants et investisseurs. »**

Connaître les investisseurs

La majeure partie des entreprises, à partir d'une certaine taille, ont un actionnariat diversifié. Beaucoup sont cotées en bourse et leurs actions sont détenues dans des proportions plus ou moins grandes par des intermédiaires financiers à la recherche de plus-values et redevables de leur gestion auprès de tiers.

Les actionnaires familiaux, lorsqu'ils existent, entendent avoir leur mot à dire dans la stratégie : le flamboyant CEO de Hewlett Packard, Carli Fiorina, l'a appris à ses dépens pendant son bras de fer avec la famille Hewlett. Les actionnaires industriels (notamment l'État), dans les entreprises publiques, ont des exigences particulières, liées à l'exécution de leur propre stratégie plus qu'à la prospérité de l'entreprise. Les salariés ou les fonds de pension sont souvent des actionnaires frileux, adeptes du principe de précaution. De plus, les petits porteurs surveillent de plus en plus attentivement l'égalité de traitement des actionnaires.

La situation se complique encore davantage, si l'on ajoute aux propriétaires *stricto sensu* d'autres investisseurs, comme les détenteurs d'obligations, les banquiers et les assureurs qui contribuent en capital ou en risque au financement de l'entreprise. Lorsque celle-ci se retrouve dans une situation difficile, comme Eurotunnel, Fiat ou Alstom, ces investisseurs financiers se retrouvent de gré ou de force au cœur du pouvoir.

Tous ces investisseurs attendent un rendement, avec des horizons de temps, des espérances de gains et des prises de risque très divers. Ils exigent de plus en plus de transparence et hésitent de moins en moins à exercer leur droit de regard sur la gestion à travers les organes de contrôle. Leur attitude, face à de nouveaux appels au marché, et leur comportement d'achat ou de vente, influencés par les analystes, les agences de notation et leurs conseillers financiers, peuvent entretenir une spirale de valorisation ou accélérer une descente aux enfers.

Claude Bébear a décrit, dans *Ils vont tuer le capitalisme,* les réactions en chaîne qui peuvent se produire :

- déclenchement de remboursements anticipés de crédit par suite d'une dégradation de notation ;
- utilisation d'instruments de couverture pour spéculer à la baisse par les *hedge funds* ;
- obligation de vendre des titres pour les compagnies d'assurance dont la valorisation des actifs diminue.

Les démêlés de la SCOR ou de Munich Re avec les agences de notation illustrent la pertinence de l'analyse et les risques d'accélération par la perte de confiance des clients.

La connaissance aussi complète que possible (ce n'est pas toujours simple) des actionnaires et autres investisseurs, afin de pouvoir anticiper leur comportement et gérer leurs attentes, nécessite une implication active des mandataires sociaux dans les relations avec les acteurs de l'écosystème financier.

S'impliquer dans la relation avec les investisseurs

Les Français ont vécu le traumatisme d'un raz-de-marée populiste après de longues années de cohabitation. Le parallèle peut être fait avec la fragilisation des entreprises dont les managers poursuivent une stratégie incohérente avec les attentes des investisseurs.

Cet écart se traduit, tôt ou tard, par une perte de confiance. Certains actionnaires votent avec leurs pieds, en vendant leurs titres ; d'autres se rebellent et provoquent la crise avec les dirigeants ; les banquiers s'inquiètent et renâclent à soutenir l'entreprise. Ce scénario catastrophe peut se dénouer, comme chez Vivendi, par un changement de tête pour mener une opération de sauvetage. Il peut tout aussi bien aboutir à une prise de contrôle hostile, voire un dépôt de bilan.

Conscients de l'importance de leurs relations avec les investisseurs, les dirigeants des grands groupes cotés consacrent de plus en plus d'énergie à la communication financière. Ils n'hésitent pas à entretenir des équipes dédiées aux relations avec les actionnaires, qu'ils gavent de petits-fours et de menus cadeaux aux assemblées générales. Ils investissent une grande partie de leur temps personnel dans les relations avec les agences de notation ou les analystes financiers. Ils traitent les détenteurs d'actions comme des clients privilégiés : kilomètres gratuits chez Eurotunnel ou dans certaines compagnies aériennes ; réductions de prix dans une chaîne de distribution, etc.

Certains se protègent des remous de l'actionnariat en utilisant les sociétés en cascade ou autres astuces d'ingénierie financière, les pilules empoisonnées, les droits de vote spéciaux, etc.

Je préfère les pratiques du groupe Air Liquide, champion incontesté de la relation avec les actionnaires, qui joue sur la stabilité de la politique de dividendes et la communication avec les investisseurs (visites d'usine, lettre d'information, comité consultatif). C'est ainsi qu'il a pu financer sa croissance avec très peu d'endettement et préserver une continuité exceptionnelle des équipes dirigeantes.

> **« La communication avec les investisseurs est trop importante pour être le domaine réservé des mandataires exécutifs. »**

Le dialogue avec les investisseurs devrait mobiliser l'ensemble des membres des conseils d'administration et faire intervenir, le cas échéant, ceux du conseil de surveillance : c'est le meilleur moyen de s'assurer de leur bonne connaissance de l'entreprise et de les sensibiliser aux préoccupations des investisseurs et de mieux assurer l'égalité d'accès à l'information des actionnaires.

Récemment entré au conseil d'administration d'une jeune entreprise, j'apprécie d'avoir été impliqué directement dans le dialogue avec les investisseurs, de connaître leurs représentants, de comprendre leurs attentes et leurs préoccupations, d'observer leurs réactions à la description du projet et de la situation de l'entreprise et d'être à même d'en tirer les enseignements avec mes collègues du conseil. Quels obstacles y aurait-il à en faire une pratique plus répandue dans des entreprises plus complexes, en mobilisant tous les membres des organes sociaux de contrôle ?

Mettre en place le dialogue multilatéral

Le développement des entreprises repose sur l'établissement de relations de confiance avec l'ensemble de leurs parties prenantes — investisseurs, bien sûr, mais aussi collaborateurs, clients, fournisseurs et autres partenaires. Les mandataires sociaux ne peuvent accomplir leur mission qu'en surveillant la qualité de ces relations et en établissant un dialogue direct avec des représentants qualifiés de ces différents acteurs.

Missions de reconnaissance

C'est en plein week-end que je reçois un appel téléphonique de Knock m'annonçant la convocation d'une réunion d'urgence du conseil d'administration. Nous nous retrouvons le dimanche soir dans l'un des salons privés d'un grand restaurant parisien. Cinderella nous explique la situation.

— J'ai été prévenu par Brian Savings, qui n'a pas pu se joindre à nous, qu'AlphaInvestors envisageait de lancer une OPA sur Thelematics. Brian a reçu un appel de leur CEO, Margaret Roofbuilder, qui le sondait sur les intentions de Scottish Orpheans face à une offre d'achat. La rumeur court déjà sur la place de Londres. Elle a fait bondir notre cours à Paris de 15 % dans l'après-midi de vendredi.

Nous nous regardons avec consternation. AlphaInvestors est un fond rapace dont la spécialité est de dépecer des entreprises sous-évaluées pour les revendre par appartement. Le conseil décide à l'unanimité de se battre pour préserver la pérennité de Thelematics.

À la fin du dîner, Cinderella résume notre stratégie.

— Le point de vue que nous défendons, auquel je sais que chacun de nous adhère sincèrement, c'est que le cours de nos actions reflète l'appréciation par le marché de la compétence de nos équipes, de l'efficacité de notre organisation et de nos systèmes d'information, de la robustesse de notre modèle économique intégré et du capital relationnel que nous avons accumulé auprès de nos clients et de nos alliés à travers le monde. Cet écosystème ne survivrait pas à un démantèlement. Nos collaborateurs et certains de nos alliés auraient tout à en craindre. Nos clients perdraient un partenaire dédié à l'amélioration continue de leur qualité de vie et nos actionnaires n'auraient pas grand-chose à y gagner. Ceux qui apporteraient leurs titres, en cas d'OPA, empocheraient au mieux une plus value de 20 % par rapport au cours de début d'année, alors que notre bénéfice net croît régulièrement de 20 % par an et que notre ratio cours/bénéfice est l'un des plus bas du marché ; ceux qui s'associeraient à une prise de contrôle par AlphaInvestors risqueraient de s'enliser dans une opération sans issue. Il faut rallier à notre cause un maximum d'investisseurs et obtenir le soutien de personnalités représentatives des autres parties prenantes de Thelematics pour une campagne de presse et de lobbying auprès des autorités. Nous profiterons de ces contacts pour annoncer que nous tirerons les conséquences de cet incident au plan de nos méthodes de gouvernement d'entreprise, après avoir pris le temps de réfléchir aux scenarios de développement que le marché attend sans doute pour mieux valoriser le titre.

L'un de nos actionnaires les plus fidèles, Gustave de La Pépinière, qui représente au conseil depuis près de six ans la caisse de Développement, se charge de faire le tour des principaux investisseurs institutionnels. Il organisera aussi un rendez-vous avec Claire Neubourg, dont la position sera déterminante pour l'attitude des actionnaires individuels, et un déjeuner avec Daniel Trop, directeur général de l'Union bancaire et chef de file des banquiers du groupe.

Georgio Schwab, qui représente Thelefinance au conseil d'administration depuis l'acquisition d'Eurobrokers, propose ses services pour organiser une interview de Cinderella dans le Financial Times.

Knock prendra contact avec Victoria Esperanza, qui anime depuis deux ans maintenant le comité consultatif des clients de

Thelematics, et dont l'influence médiatique à travers *The European Consumer* est considérable.

Je me charge avec Michel Cornelius de mobiliser pour une opération de propagande interne la promotion de managers à haut potentiel en cours de formation à Thelematics University, dans le cadre du programme Leadersforever, et de sonder les intentions des syndicats auprès de Krasuski.

Nous nous retrouvons huit jours plus tard pour constater que l'alerte est passée. L'article du *Financial Times* a été repris par *Les Échos* et Victoria Esperanza a été interviewée par TF1. Claire Neubourg a promis son aide en cas d'OPA et Daniel Trop a fait savoir à AlphaInvestors que les banquiers reconsidéreraient leur soutien, en cas de changement de contrôle. La communauté des alumni de Leadersforever a rallié les managers à l'idée d'un plan d'achat d'actions qui permettrait au personnel de devenir un actionnaire influent.

Les syndicats sont prêts à organiser des mouvements de soutien pour préserver l'outil industriel. Ils nous font savoir au passage qu'un comité de groupe européen serait le bienvenu ; nous en reparlerons dans le cadre de la réforme de notre gouvernance.

Brian Savings, qui a pu se joindre à nous cette fois-ci, nous informe qu'AlphaInvestors renonce à son OPA et que Margaret Roofbuilder lui a proposé de céder à Scottish Orpheans le bloc d'actions acquis par le fond d'investissement pour préparer l'opération.

Vous avez dit *stakeholders* ?

Les institutions des entreprises privées ont été conçues sur un modèle simple : les actionnaires définissent un objet social, apportent des fonds et choisissent un dirigeant ; celui-ci élabore une stratégie et organise sa mise en œuvre ; les collaborateurs exécutent les décisions ; les actionnaires contrôlent.

Ce modèle a été utilisé pour régir indifféremment les sociétés faisant appel à l'épargne publique ou les entreprises familiales ; il a été transposé approximativement aux entreprises publiques ou à d'autres types d'organisation. Sa mise en œuvre s'avère de plus en plus difficile et de moins en moins efficace, au fur et à mesure que la complexité des entreprises augmente et que la lisibilité de leur environnement diminue.

La tentation est forte de chercher la solution des problèmes de gouvernement d'entreprise dans un retour aux sources simplificateur. Je crains d'en entendre les prémices dans ces propos du secrétaire d'État au Trésor américain, John Snow : « *Nous devons revenir aux origines du capitalisme d'entreprise. Celui-ci était fondé sur la séparation entre les propriétaires de l'entreprise et le management. Les dirigeants professionnels étaient contrôlés par un conseil d'administration représentant les actionnaires […]. Ce sont ces principes simples qui ont été dévoyés.* »

Peut-être, si les actionnaires n'ont aucun rôle effectif dans le management, s'ils constituent un groupe homogène, s'ils ont les moyens de contrôler les performances des managers, s'il leur suffit de changer de dirigeant pour redresser la barre et s'ils peuvent se passer de l'appui des autres parties prenantes. Mais la réalité est rarement aussi simple.

La tentation inverse est de pratiquer la fuite en avant dans la complexité. C'est la position des tenants d'une gouvernance multipartite prenant en compte les intérêts de tous les *stakeholders* (parties prenantes de l'entreprise), y compris les collaborateurs, les clients et les fournisseurs de l'entreprise, voire la société dans son ensemble. Je trouve plus simple et normal de considérer les actionnaires de l'entreprise comme les détenteurs légitimes du pouvoir politique et les arbitres du débat – quitte à ce que ces mêmes actionnaires choisissent de se doter d'institutions associant d'autres partenaires au gouvernement de l'entreprise.

Ce qui est indispensable, en tout état de cause, c'est que les dirigeants et l'ensemble du leadership se mettent à l'écoute de toutes les parties prenantes pour assurer la pérennité et la réussite de l'entreprise.

> **« Il incombe aux mandataires sociaux de veiller à la qualité de ce dialogue, en s'assurant de l'intimité des relations établies, en jaugeant le niveau de confiance entre les parties et en nouant des contacts directs avec ces différents partenaires. »**

À la recherche de l'intimité

La qualité d'un dialogue croît exponentiellement avec le niveau de confiance établi entre les interlocuteurs ; et le préalable à la confiance, c'est l'intimité. Les trapézistes ne sauteraient pas dans le vide en confiant leur vie au partenaire qui les réceptionne, s'ils ne s'étaient pas côtoyés depuis des mois d'entraînement ou des années d'exercice du métier.

L'intimité n'est pas facile à établir dans la relation entre une entreprise et ses dizaines, centaines, milliers ou millions d'interlocuteurs. Elle nécessite, au-delà d'un bon échange d'information, une capacité de compréhension. Les entreprises communiquent de plus en plus. Les sites Web viennent heureusement compléter les lettres d'information ou les visites et la mode est à la transparence.

S'assurer de l'intimité des relations entre le leadership de l'entreprise et ses divers partenaires fait donc partie des responsabilités des organes de contrôle social dans une conception humaniste de la gouvernance – contrairement à l'idée que s'en faisait un de mes interlocuteurs, avocat dans un cabinet anglo-saxon, qui s'inquiétait des soupçons de collusion que pourrait suggérer le concept d'intimité.

> **« Cette réaction révélait une conception minimaliste de la gouvernance : la loi, parce qu'il le faut bien ; toute la loi, si nécessaire ; rien que la loi, si possible. »**

L'entreprise doit être lisible pour ses parties prenantes : bonne information des clients sur les produits ; accès des associés au carnet de commandes ; sincérité et fraîcheur de l'information des collaborateurs et des investisseurs sur la marche de l'entreprise, sa stratégie, ses performances commerciales et financières, son exposition aux risques et sa contribution au développement durable (bilan social et action sur l'environnement).

Ce n'est pas pour autant qu'elles savent se faire comprendre. Ainsi, les déboires qu'a connus IBM avec ses syndicats, à propos de son système de notation des salariés, pourraient relever d'une insuffisance d'explication : la direction a été soupçonnée de manipuler le système pour justifier des licenciements, en imposant à ses managers une certaine proportion d'évaluations en dessous de la performance standard. Il s'agissait plus vraisemblablement d'un rappel à l'ordre pour les managers oublieux d'une pratique courante dans les métiers du conseil, la distribution forcée des évaluations : le but est de corriger les biais (positifs ou négatifs) des évaluateurs en rapprochant les résultats d'une courbe de Gauss typique au sein de la société. L'explication préalable de ces règles de jeu aux représentants des salariés aurait limité les risques de dérive et facilité l'interprétation d'un appel à la rigueur, alors que la société menait un programme de restructuration.

Les bons managers passent un temps important sur le terrain pour prendre le pouls de leurs collaborateurs et visitent régulièrement leurs clients, leurs fournisseurs ou les représentants des communautés qui les entourent. Ils ouvrent des forums de discussion avec les salariés par le truchement de l'Intranet d'entreprise ; ils utilisent Internet pour permettre à leur société de communiquer de façon interactive avec ses clients et ses investisseurs.

> **« La capacité d'écouter est tout aussi indispensable au dialogue que celle de communiquer. »**

L'entreprise doit manifester sa curiosité, son souci de comprendre les préoccupations de ses partenaires plutôt que de vanter ses propres mérites. Elle doit créer un langage commun et ne pas faire l'hypothèse que le jargon financier ou celui de son métier sont accessibles à tous, à commencer par la rédaction de ses brochures commerciales ou de son rapport annuel.

Des petits déjeuners avec les jeunes recrues permettent aux dirigeants éclairés de comprendre leurs attentes et de leur donner un bouillon de culture maison. Ils n'hésitent pas à consacrer une journée à un client important, pour comprendre son métier et ses problèmes, ou à observer les discussions d'un panel de consommateurs *(focus group),* souvent révélatrices d'opinions et de comportements insoupçonnés : je me souviens encore de l'ahurissement des dirigeants d'une société de distribution spécialisée dans la périnatalité quand ils ont vu et entendu leurs clientes dirent ce qu'elles pensaient vraiment de la prétendue qualité des conseils et du service dans leurs boutiques !

Les mandataires sociaux peuvent se faire assez facilement une bonne idée de l'intimité des relations de l'entreprise avec ses clients, ses collaborateurs ou ses fournisseurs et associés, en s'informant sur les moyens d'information utilisés (outils et contenu) et sur la pratique du dialogue : profil des interlocuteurs, fréquence des contacts, contenu des discussions. Ils doivent aussi se donner les moyens d'apprécier le capital de confiance de l'entreprise auprès de ses partenaires.

Prendre le pouls de la confiance

La confiance… J'en retiendrai la merveilleuse définition qu'a donnée l'un des intervenants à la célébration du cinquantième anniversaire de la Sloan School of Management :

> **« La confiance, c'est quand on se sait vulnérable et que l'on n'a pas peur. »**

C'est le trapéziste qui se jette dans le vide, sans douter un seul instant que son partenaire ne fasse le nécessaire pour le réceptionner ; l'alpiniste encordé avec son guide ; le grognard qui suit Bonaparte à la bataille d'Austerlitz ; les passagers de l'avion qui ne se posent pas de question sur les compétences du pilote. C'est aussi le consultant qui conduit l'un de ses partenaires chez son client, sans qu'ils aient eu le temps de se concerter.

L'intimité ne suffit pas à établir la confiance ; celle-ci se construit sur l'expérience de la compétence et du respect des engagements. Les financiers qui ont construit la place de Londres l'avaient compris, quand ils ont érigé le respect de la parole donnée (« *ma parole est mon obligation* ») en principe inviolable.

Que le client voie les partenaires expérimentés qui devaient diriger son projet disparaître et le capital confiance du consultant s'évapore. Que le consommateur découvre qu'une clause à peine lisible le prive de couverture pour le sinistre qu'il vient de subir et il prend son assureur en grippe. Que le salarié s'aperçoive que les augmentations et les promotions se décident à la tête du client plutôt que selon les règles affichées et sa motivation tombe en chute libre.

« La confiance est aussi affaire de solidarité. »

La solidarité consolide la relation de confiance avec les partenaires de l'entreprise par l'apport d'une aide sans contrepartie – par exemple, le financement d'études sans relation avec le métier d'un collaborateur ou la mise à disposition de l'Intranet d'entreprise pour la communication des syndicats –, ou par la prise en compte de leurs besoins spécifique dans les décisions du management (par exemple, adaptation des produits ou des conditions de travail aux handicapés). Elle s'exprime également dans le partage équitable de la rémunération des efforts engagés et des risques pris, en fonction des résultats financiers.

La solidarité entre l'équipe dirigeante et ses collaborateurs dans l'application de mesures d'austérité fait une grande différence dans l'ambiance au sein des entreprises. Le partage des résultats entre salariés et actionnaires, sous ses diverses formes (rémunération variable, participation, actionnariat salarié) a été l'une des premières manifestations de solidarité au sein de l'entreprise. Les plans d'épargne d'entreprise et les programmes d'achat d'actions, complexes à mettre en œuvre de façon équitable dans les multinationales, ont néanmoins prouvé leur efficacité pour changer l'attitude des collaborateurs. De plus, les stock-options, tant décriées, ont fait leurs preuves pour récompenser et fidéliser à moindre coût des salariés responsables de contributions exceptionnelles au développement à long terme de leur entreprise. Ce sont les folies des start-up et l'abus de position dominante, par un certain nombre de dirigeants, qui en ont dévoyé l'application.

En ce qui concerne les fournisseurs ou les associés, les conventions de partage avec l'entreprise cliente des risques et des gains de productivité et autres bénéfices sont de plus en plus fréquentes dans tous les métiers qui fonctionnent en mode projet, qu'il s'agisse de construire un ouvrage ou d'installer un système informatique. Le mécénat ou la mise à disposition bénévole de produits ou de temps de travail manifestent mieux que les discours l'engagement citoyen, s'ils ne sont pas pratiqués de façon visiblement opportuniste.

Quant aux clients, l'attitude des entreprises qui leur viennent en aide pendant des périodes difficiles est le meilleur gage de leur engagement réel. Bon nombre de sociétés font, en cas de retour à meilleure fortune, le tri de leurs relations bancaires entre les « banquiers par beau temps » et ceux qui ont su les accompagner pendant une crise.

Les hôtels Marriott ont pris l'initiative de contacter leurs clients aussitôt après les attentats du World Trade Centre, en leur proposant de reporter, voire d'annuler sans frais leurs réservations. Ce geste de solidarité s'est avéré payant.

> **« La solidarité n'implique pas la collusion,**
> **a fortiori la corruption. »**

La confiance se distingue de la complicité par le respect mutuel qu'elle requiert de ses protagonistes ; elle suppose que chacune des parties ait la capacité d'entretenir vis-à-vis de l'autre la relation d'« indépendance dans l'interdépendance » dont parlait le général de Gaulle.

Le moyen le plus simple dont disposent les mandataires sociaux pour jauger le niveau de confiance entre l'entreprise et ses parties prenantes est de s'assurer de la tenue régulière d'enquêtes leur permettant de mesurer la température de l'opinion au sein des différents groupes et de se faire communiquer les informations quantitatives (fidélisation par exemple) et qualitatives (classement au hit parade de la réputation) nécessaires pour en corroborer le résultat.

Le moyen le plus révélateur est de s'intéresser à la gestion des revendications (plaintes des clients, conflits sociaux, litiges avec les fournisseurs) et aux situations de crise. Carli Fiorina a pu mettre sur la table les conséquences de la fusion avec Compaq et ouvrir les portes du conseil d'administration aux salariés de Hewlett Packard, parce qu'elle disposait du capital confiance accumulé au sein du groupe par la pratique du HP way, alors que bien des salariés touchés par une restructuration l'apprennent par une lettre d'information syndicale ou une fuite dans la presse.

Perrier a gagné des points, il y a quelques années, grâce au retrait massif et rapide de milliers de bouteilles qui auraient pu faire l'objet d'une pollution sans gravité, alors que Buffalo Grill a eu les plus grandes peines à résister au séisme provoqué par le soupçon d'emploi de bœuf anglais interdit d'importation, malgré les dénégations de ses dirigeants.

> **« Un indice particulièrement révélateur de la confiance est le fonctionnement du bouche-à-oreille. »**

Une excursion sur un site comme Vaults, où les internautes échangent des opinions non sollicitées, peut compléter utilement les enquêtes officielles. Par ailleurs, le comportement des clients, prêts à engager leur crédibilité et à consacrer de leur temps pour partager leur expérience avec un prospect, ou celui des collaborateurs qui encouragent des candidats à rejoindre leur entreprise, révèlent un niveau de confiance exceptionnel.

Aller à la rencontre des partenaires

Le meilleur moyen pour les mandataires sociaux de s'assurer de la qualité du dialogue entre l'entreprise et ses partenaires, c'est de nouer eux-mêmes des contacts avec certains représentants, pour comprendre leurs attentes ou pour les consulter sur certains choix politiques.

Les comités consultatifs font florès dans bien des sociétés, mais ils recouvrent des réalités fort différentes : du groupe d'experts mobilisé pour aider les dirigeants à mieux comprendre l'environnement à la représentation de groupes d'intérêt dont l'avis est sollicité.

Certaines sociétés de conseil ou de services se sont dotées de comités stratégiques ou de conseils scientifiques, composés principalement de dirigeants d'entreprises clientes – un dispositif intelligent pour impliquer les clients dans l'élaboration de sa stratégie, à condition que son rôle ne se ramène pas à fournir une caution commerciale. Un tel dispositif me paraît tout à fait pertinent pour les principaux fournisseurs ou associés, indépendamment de leur participation éventuelle, pour certains, au conseil d'administration de filiales communes.

Les organes de consultation les plus nécessaires et en même temps les plus délicats à manier, compte tenu de la législation sociale, concernent les collaborateurs. Il est impensable de court-circuiter, lorsqu'ils existent, les comités d'entreprise, auxquels bien des dirigeants hésitent pourtant à participer directement, et où les discours convenus remplacent trop souvent les débats de fond – les vraies discussions se passant hors séance et *off-record*.

> **« La participation de représentants du personnel aux conseils d'administration est souvent symbolique et les discussions officielles édulcorées des thèmes sensibles qui donnent lieu à véritable débat. »**

Le groupe EADS semble avoir trouvé une solution raisonnable en faisant de son comité de groupe européen une véritable instance de consultation où les dirigeants abordent, avant chaque réunion du conseil d'administration, tous les thèmes inscrits à l'agenda avec les représentants du personnel.

Mais les administrateurs non exécutifs et les membres de conseils de surveillance peuvent aussi rencontrer individuellement certains acteurs de l'entreprise. Leur position leur permettrait par exemple de discuter plus ouvertement qu'un dirigeant en poste avec un collaborateur démissionnaire, ou bien d'obtenir de certains clients un compte-rendu sincère de leur opinion et des remarques souvent pertinentes sur la stratégie, l'organisation et les hommes – à l'instar des partenaires de McKinsey ou des directeurs associés de Gemini qui allaient sonder la satisfaction de clients, chez lesquels ils n'étaient pas impliqués personnellement. Elle leur permettrait encore de déceler des anomalies dans leurs conversations avec les managers – comme auraient pu le faire les administrateurs de Citigroup, début 2001, s'ils avaient interrogé le chef de la recherche de la banque d'investissement, ou un gestionnaire de portefeuille quelconque, sur l'objectivité des analyses d'un service ne recommandant la vente, ou même la prudence, sur aucun des titres qu'il suivait !

Préparer l'avenir

Les mandataires sociaux ont le devoir de préparer l'avenir, au-delà des horizons de temps des dirigeants en place ou des actionnaires de passage. Le conseil d'administration – ou de surveillance – doit avoir la capacité d'explorer les tendances lourdes, d'anticiper les scenarios d'évolution et de préparer les plans de succession. Il doit conseiller les dirigeants dans le choix des orientations politiques, l'analyse de leurs résultats et leur adaptation aux circonstances.

Odyssée dans l'avenir

C'est par une belle soirée d'octobre que le conseil d'administration se retrouve pour un séminaire de deux jours consacré aux scenarios de développement de Thelematics. Personne ne manque à l'appel et nous avons également convié l'ensemble du Comité exécutif ainsi que trois invités : Victoria Esperanza, Nicole Tanot et Thomas Kaas. Cette réunion a été organisée lors de la dernière séance du comité stratégique, dont j'assure la vice-présidence aux côtés de Cinderella. Les équipes d'Alain Sirius ont réalisé un excellent travail de modélisation et d'analyse prospective pour la préparer.

Le soleil se couche sur le Domaine des Trois Sources lorsque je prends la parole pour présenter les objectifs et l'agenda de ce séminaire.

— Notre ambition est de construire, au cours de ces deux jours, une vision partagée de l'avenir de Thelematics, susceptible de convaincre les investisseurs d'apporter durablement leur soutien à notre groupe et de fédérer l'ensemble des acteurs qui peuvent contribuer à sa réussite. Nous espérons ne pas quitter ce lieu sans un point de vue commun sur le choix et la valorisation d'un scénario de développement, les moyens de le mettre en œuvre et les marges de liberté à préserver pour adapter les politiques du groupe à un environnement mouvant. Nous entamerons ce processus par une matinée de découverte, pendant laquelle nous explorerons ensemble l'écosystème de Thelematics, en réfléchissant aux tendances lourdes qui l'affecteront au cours des vingt ou trente prochaines années et aux aléas susceptibles de le perturber.

Nous nous retrouvons le lendemain après un petit-déjeuner au château pour une première séance de travail, dans l'une des salles ouvertes sur le patio du forum moderne qui abrite les réunions. Une exposition a été organisée sur les murs de la salle et sur les écrans de plusieurs ordinateurs pour présenter les habitants de notre écosystème. Des analystes accueillent les participants à chaque stand. L'un d'eux explique le profil et la démographie des clients de Thelematics, ainsi que l'usage qu'ils font de ses services et les principaux enseignements de leurs retours d'expérience. D'autres nous présentent la population de nos collaborateurs et la diversité de leurs compétences ou de leurs attentes ; notre réseau de fournisseurs et de partenaires ; la structure de notre actionnariat et de notre groupe de banquiers, ainsi que les principaux analystes et les agences de notation qui suivent le groupe. Nous nous penchons sur le profil des concurrents – depuis notre grand rival Mumbaï Services jusqu'aux prestataires locaux ou spécialisés. Nous découvrons un panorama des dizaines de pays où nous vendons et des communautés locales qui accueillent nos principales implantations.

Après la visite de l'exposition, nous nous séparons en sous-groupes pour discuter de l'impact des grandes tendances technologiques, économiques et sociétales qui ont été identifiées et analysées par les équipes de Sirius. La mise en commun des conclusions nous ouvre des perspectives fascinantes : le vieillissement inexorable des populations des pays développés et l'accélération des flux migratoires vont non seulement bouleverser le profil et les besoins de nos clients, mais encore nous obliger à trouver des solutions créatives pour renouveler notre pool de talents et pour tirer parti de l'expérience de nos collaborateurs vieillissants. L'essor de la vidéo-communication, de la reconnaissance vocale et des technologies d'information et d'interaction nomades et l'apparition des nano-technologies dans les applications domestiques nous ouvrent des possibilités inexplorées de prestations de service. La diminution continuelle des coûts de transaction nous met en position d'apporter nos services aux populations du tiers-monde, en collaborant avec les autorités gouvernementales, les institutions internationales et les ONG pour former des collaborateurs issus de ces populations.

Nous nous efforçons néanmoins de rester humbles dans cet exercice de prospective et d'identifier les aléas susceptibles de perturber le cours des événements : soit dans notre environnement lointain – atermoiements de la construction européenne, nouveaux avatars de la bulle financière, bouleversements de l'équilibre géopolitique, cataclysmes naturels ou déclenchés par l'homme ; soit dans notre environnement proche – crise de trésorerie, défection de managers clés, piratage de nos systèmes, défaillance grave de fournisseurs, prise de contrôle de certains partenaires, ou prescripteurs, par des concurrents.

Je reprends la parole après le déjeuner pour introduire la seconde partie du séminaire.

— Après cette séance de découverte, nous allons nous consacrer à l'exploration des scenarios d'évolution qui ont été esquissés par le comité stratégique. Nous avons volontairement choisi de longs horizons de temps, pour nous astreindre à ne pas extrapoler les business plans du moment et à penser à l'héritage que nous laisserons à nos successeurs.

Nous nous séparons à nouveau en groupes pour réfléchir à différents scenarios « Thelematics 2030 », caractérisés par des hypothèses contrastées sur le contexte et sur la capacité de notre entreprise à en tirer parti. L'un des groupes est chargé d'analyser le scénario « Berezina », celui d'un échec catastrophique dans un environnement défavorable et d'identifier les signaux à repérer pour en détecter les prémices et réagir à temps. Un deuxième groupe travaille sur un scénario de survie, qui laisse à Thelematics l'espoir de renaître après une crise dans un environnement également défavorable. Il se livre à une analyse critique de la robustesse du modèle économique et de la pertinence des politiques censées permettre à Thelematics de s'adapter à ce contexte. Une autre équipe doit tirer les leçons du scénario de la honte, dans lequel les erreurs du management mènent Thelematics à l'échec dans un environnement pourtant favorable. Le quatrième et dernier groupe se penche sur le scénario « Nirvana », celui de la réussite durable dans un environnement porteur, auquel nous aspirons tous.

Le débriefing de ces travaux nous permet de confirmer la crédibilité du scénario optimiste, d'en estimer les implications plausibles pour la valorisation de Thelematics, de nous accorder sur les clignotants à surveiller pour éviter une dérive vers le scénario de la honte et de définir les domaines d'action prioritaires pour atterrir sur le scénario de survie, en cas de détérioration de l'environnement.

Après une soirée de détente et un repos nocturne bien mérités, nous nous retrouvons le lendemain pour définir les politiques à mettre en œuvre afin de matérialiser notre ambition. Trois groupes travaillent le matin, respectivement sur l'alchimie des talents, sur le capital relationnel et sur l'architecture technique et organisationnelle de Thelematics. Nous nous répartissons dans l'après-midi en deux équipes : « Modèle économique » et « Relève du leadership ».

Des analystes suivent les travaux pour enregistrer les discussions et en tirer une synthèse pour le CD-Rom « Thelematics 2030 », destiné à documenter les résultats de notre séminaire.

Cinderella clôture la réunion en remerciant participants et organisateurs et en nous annonçant de prochaines étapes.

— Nous allons tirer parti du travail formidable que nous avons accompli depuis deux jours. Le conseil d'administration élaborera un plan de communication vers les investisseurs et au sein de l'entreprise. Le comité exécutif organisera les projets d'approfondissement qui seront confiés à la prochaine promotion de Leadersforever. Je mettrai parallèlement en chantier une réflexion sur la gouvernance de Thelematics.

Refuser la politique de l'autruche

L'ambition de construire un projet durable et de préparer l'avenir paraîtra irréaliste à certains alors que nous sommes incapables de prédire ce qui adviendra de l'économie mondiale l'année prochaine. Ont-ils lu le roman de Jean Diwo sur « Le printemps des cathédrales » ? Le niveau d'incertitude sur l'avenir immédiat n'était pas moindre à cette époque de guerres, d'épidémies et de famines. Cela n'a pas empêché des architectes et des artisans animés par la passion de bâtir de merveilleux monuments à la gloire de Dieu, comme leurs prédécesseurs égyptiens l'avaient fait pour leurs pharaons deux millénaires plus tôt.

Il est nécessaire, puisque nous serons morts à long terme, d'en tirer les conclusions inverses de celles de lord Keynes et de nous préoccuper de l'entreprise que nous laisserons aux générations suivantes : de ses pratiques sociales et de son impact sur l'environnement, certes ; mais encore de la qualité de son leadership et de sa culture, de sa situation financière ou de la solidité de son écosystème. Tels sont les enjeux du développement durable au niveau de l'entreprise.

Avoir une stratégie, c'est être capable d'imaginer à quoi pourrait ressembler l'entreprise que nous souhaitons laisser derrière nous et de choisir un chemin exaltant pour tous ses partenaires, même si les aléas du marché risquent de conduire ses dirigeants à prendre ultérieurement des bifurcations imprévisibles.

> **« Puisque les managers sont pris dans l'action et soumis aux pressions des marchés, il incombe aux organes de contrôle social de les aider à prendre du recul et de leur apporter un éclairage complémentaire tout au long de ce cheminement. »**

Élargir le champ de vision stratégique

Nous prenons tous les jours des décisions rationnelles dans notre champ de vision, sans nous douter des effets collatéraux qu'elles peuvent avoir à terme éloigné.

C'est ainsi qu'un de mes clients qui s'apprêtait à fermer une usine dans le cadre de la restructuration de son outil de production n'a pas eu d'autre choix que de la maintenir, compte tenu du coût prohibitif qu'aurait représenté la remise en état du site et la dépollution du terrain. Un aboutissement heureux du point de vue social, mais dont l'anticipation aurait pu conduire les dirigeants qui ont construit l'usine cinquante ans plus tôt à la construire ailleurs que dans une forêt magnifique, ou tout au moins amener les dirigeants qui l'ont rachetée une trentaine d'années après à se poser la question des conditions de sortie, en cas de retournement du marché.

En évaluant les investissements à base de *cash flows* sur cinq ou dix ans et en injectant une valeur résiduelle hâtivement calculée dans l'estimation de leur rentabilité, bien des managers évitent de se poser la question du long terme et de se préoccuper des options qu'ils laissent à leurs successeurs. Exiger des taux de rentabilité de 10 ou 15 % revient le plus souvent à faire l'impasse sur les implications de la décision à prendre au-delà d'une dizaine d'années.

La valorisation des options, qu'elles s'appliquent aux outils industriels, aux gisements de pétrole, aux brevets ou aux dispositions d'un pacte d'actionnaires, fait partie des outils de l'analyse financière. Elle devrait guider bien des décisions en ces temps d'incertitude. Pourtant, pour un Microsoft qui semble attacher une grande importance à gérer son portefeuille d'options en termes de technologie et de marchés, combien d'entreprises continuent-elles à sceller leur destin sur un pari unique, comme l'on fait les opérateurs de télécommunication qui ont misé tous leurs fonds propres dans l'acquisition d'une licence UMTS ?

Les managers de tous niveaux sont soumis à la dictature du présent. Ils sont tenus à respecter des objectifs à court terme et doivent réagir de plus en plus vite à des événements imprévus.

La durée de vie des dirigeants raccourcit d'année en année. Elle ne dépasse pas, selon une étude de Booz Allen & Hamilton, six ou sept ans en moyenne pour les directeurs généraux ou PD-G des 2 500 premières entreprises mondiales, voire trois ou quatre ans pour les poids lourds du Stock Exchange ou du CAC 40.

> **« Qui s'inquiétera de la pérennité des entreprises, si les conseils d'administration ou les conseils de surveillance ne s'en préoccupent pas ? »**

Les organes de contrôle doivent se pencher sur les conséquences possibles à long terme des décisions qui leur sont soumises, s'intéresser à la solidité du *goodwill* affiché à l'issue d'acquisitions, aux conséquences des engagements à l'égard des futurs retraités ou à l'existence de risques juridiques ou contractuels qui peuvent ruiner la réputation de l'entreprise et ses finances. Les mandataires sociaux devraient se préoccuper du bilan d'ouverture des futurs dirigeants autant que du bilan de clôture de la direction en place.

« *Les révolutions,* disait Alexis de Tocqueville, *naissent de causes générales fondées par le hasard* ». Les organes sociaux doivent aider les dirigeants à prendre du recul par rapport à leurs métiers et leurs marchés et à explorer des évolutions en cours dans des marchés très différents, qui pourraient les inspirer, ou des tendances sociales, politiques ou macro-économiques lointaines qui pourraient les affecter. C'est le cas, par exemple, des perturbations démographiques majeures qui vont bientôt affecter la France, mais dont seule une petite minorité de chefs d'entreprise a commencé à se préoccuper.

Il est facile de se gausser trente ans après du pessimisme des prévisions du Club de Rome, qui anticipait la fin du monde par la pollution et la famine et qui préconisait comme remède de mettre un frein à la croissance. Le parti pris malthusien de Jay Forrester, qui en a construit les modèles de simulation pour le compte du MIT, prête le flanc à la critique, ainsi que son manque de communication sur la sensibilité des résultats à des hypothèses non vérifiables, mais ses travaux ont eu une contribution significative à la prise de conscience qui a débouché quelques années plus tard sur le concept de développement durable. Des administrateurs venant d'horizons différents et moins soumis à la pression du court terme peuvent apporter aux dirigeants la possibilité de prendre du recul et de remettre en question des hypothèses devenues préjugés.

Les mandataires sociaux doivent enfin se préoccuper des plans de succession des dirigeants et de l'équipe de leadership. C'est effectivement après leur départ que l'on connaîtra l'empreinte que laisseront les dirigeants actuels des entreprises. Combien sauront, comme Olivier Lecerf, Antoine Riboud ou François Dalle, préparer leur succession et léguer à leurs successeurs une organisation en bon état de marche, dotée d'équipes de qualité et partageant des valeurs communes ? La tâche est particulièrement difficile pour les dirigeants d'entreprises familiales, tentés d'en confier les clefs à des héritiers, pas nécessairement compétents, et pour les dirigeants fondateurs, peu enclins à passer le relais à une nouvelle génération de managers tant que leurs forces leur permettent de se maintenir au pouvoir. Certains semblent prendre un malin plaisir à organiser des combats de coqs entre les prétendants, dont les séquelles continuent de lézarder l'équipe de direction, lorsqu'ils se décident à prendre du recul.

Compléter les modes de décision des dirigeants

L'imperfection des processus de décision dans une entreprise ne sera pas une surprise majeure pour le lecteur. L'art de traiter des facteurs émotionnels, comme la résistance au changement, est au cœur du métier de consultant. Ceux de McKinsey avaient dénombré pas moins de trente prétextes utilisés par les managers pour ne pas changer leurs habitudes : « je n'ai pas le temps ; c'est trop compliqué ; nous avons déjà essayé ; cela ne marchera jamais chez nous, etc. ».

Ces émotions nous conduisent à des oublis freudiens, comme ceux des 80 % de chefs d'entreprise qui n'anticipent pas, selon l'INSEE, des départs massifs à la retraite à partir de 2006 et à des partis pris obstinés, comme celui de continuer à recourir, si possible, aux préretraites pour les salariés de plus de cinquante ans.

L'émotion peut aussi nous conduire à un excès d'optimisme par refus de la perspective d'un échec, comme les managers de la NASA qui tablaient sur un risque d'incident imprévu dans le fonctionnement de la navette spatiale à un pour cent mille, alors que leurs ingénieurs les estimaient à un pour mille.

Les facteurs politiques conduisent à des prises de position irrationnelles dictées par la défense d'intérêts particuliers. Il en va ainsi des représentants syndicaux qui se croient obligés de faire de la surenchère pour ne pas perdre de voix aux prochaines élections. Il en va de même des Rastignac d'entreprise qui savonnent la planche de leurs chers collègues pour prendre l'ascendant.

Même en restant dans la sphère rationnelle, les cheminements d'une prise de décision sont semés d'embûches. Henry Mintzberg et Frances Westley ont publié, dans la *Sloan Management Review,* un article classant les modes de décision en trois catégories : « penser d'abord », c'est-à-dire poser et résoudre les problèmes de façon déductive ; « voir d'abord », en faisant usage de son intuition ; « faire d'abord », en recourant à l'expérimentation. Le style individuel des dirigeants et la culture collective conduisent généralement les entreprises à privilégier l'une de ces trois approches. Mes premiers contacts avec Citigroup − Citibank à l'époque − m'ont révélé une entreprise résolument engagée dans le « faire d'abord », avec comme devise « *(1) feu, (2) en joue, (3) épaulez* », alors que la BNP privilégiait l'analyse rationnelle et son futur partenaire Paribas l'intuition.

Or, aucune de ces approches n'est infaillible. La rationalité des décisions déductives ne vaut que par la qualité des hypothèses et la fiabilité des informations qui les sous-tendent, autant de conditions difficiles à remplir dans un environnement incertain. Et l'accumulation des analyses peut souvent devenir un artifice pour surseoir à la décision et retarder le passage à l'acte.

L'intuition est très en vogue, puisqu'elle a été à l'origine de bien des innovations et qu'elle est propice aux décisions rapides dans des marchés qui ne laissent plus aux managers le temps de réfléchir. Mais les décisions intuitives ont l'énorme inconvénient de résulter de l'empreinte que nous laissent l'ensemble de nos expériences. Or, nous pêchons par optimisme parce que nous retenons davantage les expériences heureuses que les malheureuses et par simplisme parce que nous mémorisons en priorité les informations simples (*cf.* les travaux de Daniel Kanheman sur les biais cognitifs en économie).

Comme le disait un jour un spécialiste des activités de marché : « *Je me trompe une fois sur deux, comme tout le monde ; le tout est de faire des petites erreurs et d'éviter les grosses* », ce qui nous mène tout droit à la nécessité de faire appel à l'expérimentation et au phéno-mènes d'apprentissage. Mais l'expérimentation n'est pas l'improvisation : les expériences doivent s'accomplir dans des conditions choisies pour en tirer des conclusions significatives au prix d'un risque contrôlé.

L'apprentissage ne doit laisser au hasard que l'inéluctable ; il doit se dérouler à un rythme suffisant pour ne pas se retrouver, comme Bull ou Motorola, constamment à la traîne de ses concurrents.

> **« Les organes sociaux peuvent jouer un rôle décisif de compensation des biais du PD-G ou du président du directoire dans la prise de décisions. »**

L'apport factuel ou intuitif d'administrateurs extérieurs à l'entre-prise et leur capacité à engager les dirigeants dans un examen critique « post-mortem » des décisions passées accélèrent le pro-cessus d'apprentissage de l'organisation.

Organiser le gouvernement de l'entreprise

Le développement des contraintes réglementaires et la multiplication des règles de bonne conduite laissent aux entreprises une grande latitude pour organiser leur gouvernance. Les choix d'orientation politique peuvent faire l'objet d'un dialogue sans compromettre l'efficacité du management, dans le cadre d'une constitution adaptée à la situation de chaque entreprise et connue de tous ses acteurs. Le conseil d'administration (ou de surveillance) peut assumer la responsabilité de piloter ce dialogue, à condition que ses membres aient les qualités personnelles et la disponibilité nécessaires pour exercer un jugement indépendant, que ses modes de fonctionnement leur en donne les moyens et qu'il ait l'obligation d'en rendre compte.

Réforme constitutionnelle

C'est une assemblée générale vraiment extraordinaire qui débute ; il s'agit quasiment d'une assemblée constituante ! Le groupe Thelematics dispose certes d'armoires pleines de statuts de sociétés, de pactes d'actionnaires, de plans stratégiques, de manuels de procédure, de contrats et de codes de bonne conduite. Son site Internet présente de façon attractive les activités, les performances, les services et les offres de carrière du groupe. Mais, comme la plupart des entreprises et contrairement à toutes les démocraties, Thelematics n'a jamais eu de constitution, de texte de référence qui permettrait à ses actionnaires, à ses collaborateurs et à ses autres interlocuteurs de s'engager en toute connaissance de cause et qui faciliterait le règlement des conflits d'opinions ou d'intérêts. L'essentiel est implicite, inscrit en filigrane dans le droit coutumier de la culture d'entreprise.

Le conseil d'administration mène depuis plusieurs mois un lourd travail de réflexion et de consultation pour réformer les méthodes de gouvernance de Thelematics. Il s'agit non seulement de prendre en compte les nouvelles exigences des régulateurs et les recommandations de divers cercles professionnels, mais aussi et surtout de doter l'entreprise d'un véritable cadre constitutionnel, reflétant les principes non négociables, approuvés par les actionnaires, auxquels adhèrent tous ses acteurs et définissant clairement les droits et les devoirs de chacun, afin d'améliorer la robustesse de notre écosystème et de réduire la vulnérabilité du groupe à des OPA sauvages.

Le texte que nous nous apprêtons à soumettre aux actionnaires comporte une description de la vocation et des principes d'action de Thelematics – une pratique de plus en plus répandue dans les entreprises, à ceci près que cette charte constitutionnelle a été élaborée en concertation avec un cercle plus large de parties prenantes, y compris des représentants des investisseurs, des clients, des fournisseurs et des associés et des communautés où s'intègrent nos implantations et qu'elle constitue pour eux un contrat moral, au même titre que pour les collaborateurs et les dirigeants du groupe.

Mais nous avons également prévu des réformes plus substantielles, qui ont donné du travail à nos auditeurs et qui ont fait le bonheur de nos avocats.

Cinderella ouvre la séance en présentant l'exposé des motifs. Il aborde une première résolution.

— Le conseil vous propose de modifier les statuts de notre société mère pour mettre en place un directoire et un conseil de surveillance. Nous estimons souhaitable de dissocier plus clairement les responsabilités de direction, d'une part, et le rôle d'orientation politique et de contrôle, d'autre part. Le projet qui vous est soumis précise les attributions de chacun de ces organes et leur articulation avec celles de l'assemblée générale des actionnaires. Vous remarquerez l'ampleur des moyens d'investigation dont nous prévoyons de doter le conseil de surveillance et le niveau d'implication que l'exercice de ces responsabilités exigera de ses membres.

Cette résolution est adoptée sans difficulté après quelques questions sur la composition du conseil de surveillance, un thème qui sera abordé plus tard dans la séance. La deuxième résolution est plus controversée.

— Nous vous proposons d'autoriser la société à émettre de nouvelles actions à droit de vote double. L'objectif est de constituer avec nos actionnaires institutionnels les plus fidèles et les investisseurs particuliers qui nous font confiance un puissant noyau stable d'actionnaires. Les titulaires de ces actions seront liés par un pacte de stabilité, réglementant les droits de cession de ces titres et instaurant des obligations de participation aux votes.

L'intervention de Claire Neubourg, que le conseil d'administration a consultée sur cette résolution, permet d'emporter une décision favorable. La résolution suivante porte sur la création d'un collège de censeurs.

— Nous vous proposons, poursuit Cinderella, d'instaurer un rôle nouveau dans notre système de gouvernement, celui de censeur. On trouve des censeurs dans les conseils d'administration de certaines entreprises françaises, particulièrement dans le secteur public ou l'immobilier. Il s'agit de personnalités indépendantes ou de représentants d'institutions connexes – par exemple, ministère de Tutelle – plutôt que des actionnaires. Les censeurs n'ont pas droit de vote, mais ils ont un droit d'expression et un devoir d'alerte. Nous souhaitons créer un collège de censeurs représentant les principales parties prenantes de notre groupe, c'est-à-dire les actionnaires, les managers, les partenaires sociaux, le comité consultatif des clients et le cercle de qualité que nous avons constitué avec nos fournisseurs et nos partenaires au sein de Thelematics University. Les censeurs participeront aux travaux du Conseil de surveillance sans voix délibérative ; le collège des censeurs constituera avec le président du conseil de surveillance et de ses trois comités – Audit, Ressources Humaines et Stratégie – le comité de sélection chargé de proposer à l'assemblée générale des actionnaires la nomination des membres du conseil de surveillance ; il donnera aussi son opinion sur le compte rendu d'activité présenté par le conseil et sur le niveau proposé pour les jetons de présence.

Le débat qui s'ensuit est animé. Certains actionnaires nous soupçonnent de construire une usine à gaz ou de dériver vers le bolchevisme ; d'autres applaudissent ce pas en avant dans la mise en place de mécanismes de contre-pouvoir. La résolution est adoptée de justesse.

Nous nous apprêtons à passer à la nomination des censeurs et des membres du conseil de surveillance.

— Cher ami, vous avez été chargé par le conseil d'organiser le processus de désignation des censeurs, dit Cinderella en se tournant vers moi. Pouvez-vous l'expliquer à nos actionnaires ?

Je me réveille en sursaut...

Clarifier les règles de gouvernance

J'ai eu la chance de fréquenter des entreprises très différentes par leur taille, leurs métiers, leur rayon d'action géographique, la structure de leur actionnariat, le profil de leurs collaborateurs, celui de leurs clients et leur situation économique. J'ai moi-même vécu les avantages et les inconvénients d'une structure de partenariat, où les associés ont peu ou prou le rôle que jouaient les citoyens de la communauté athénienne, par rapport aux structures de management d'une société cotée. La conclusion d'ensemble de ces expériences, c'est qu'il n'y a pas de solution universelle, que chaque entreprise doit adopter les institutions qui conviennent à sa situation et que ses citoyens doivent en partager les valeurs mais être capables d'en faire évoluer la constitution et les pratiques politiques afin de concilier dialogue et efficacité.

Concilier dialogue et efficacité

La politique d'une entreprise s'élabore en fait au fil de décisions prises par les dirigeants auxquels les actionnaires ont délégué le pouvoir exécutif. Chacune de leurs décisions implique une interprétation des intentions des propriétaires, des hypothèses sur les réactions des autres parties prenantes et un pari sur l'environnement. La finalité du débat politique est d'assurer au mieux la pérennité et la réussite de l'entreprise dans le respect des intentions de ses propriétaires, en créant les conditions d'un dialogue entre les actionnaires et leurs mandataires pour la prise de décisions : validation de quelques hypothèses et principes fondamentaux ; explicitation a priori des enjeux de décisions majeures ; interprétation a posteriori des résultats et de l'expérience acquise.

Ce but ne peut être atteint que si les actionnaires – ou une proportion suffisante d'entre eux – acceptent de prendre leurs responsabilités de citoyens et si les autres acteurs essentiels dans la réussite de l'entreprise – les collaborateurs, bien sûr, mais encore les clients, les fournisseurs et d'autres partenaires – ne se sentent pas exclus du processus politique.

Toute décision susceptible d'avoir un impact important sur la pérennité et la réussite de l'entreprise mérite a priori d'être inscrite à l'agenda du dialogue. Mais l'intervention des actionnaires ou la consultation d'autres parties prenantes ne doivent pas entraver la rapidité de décision et la capacité d'adaptation des dirigeants ou la confidentialité indispensable à la conduite de certaines opérations. C'est toute la difficulté de l'équilibre des pouvoirs.

> **« La solution ne peut être trouvée qu'en obtenant l'adhésion des parties prenantes aux processus de décision. »**

Il est impossible d'être efficace dans la quête permanente de compromis démocratiques consensuels. Il est possible en revanche d'obtenir l'engagement de tous les acteurs en mettant en place des processus de décision équitables, c'est-à-dire en offrant à chacun la possibilité d'exprimer un avis sur les choix qui l'affectent, en lui donnant une explication honnête et compréhensible des décisions prises et en gérant ses attentes par la cohérence entre les principes affichés et leur application pratique. C'est ce qu'ont montré Chan Kim et Renée Mauborgne, professeurs à l'INSEAD, dans leur article sur le « Fair Process » publié par la *Harvard Business Review.*

La définition des règles de participation de chaque catégorie d'acteur aux choix d'orientation politique n'a pas de solution universelle. Un groupe coté sur les marchés internationaux n'a pas les mêmes impératifs qu'une PME familiale ou une mutuelle. Une société de l'industrie lourde n'a pas le même rythme de décision qu'une entreprise de jeux vidéo ou un commerce de détail...

Chaque entreprise a besoin de mener un débat institutionnel pour fixer les règles de jeu de ce dialogue dans chaque domaine de la politique d'entreprise : stratégie commerciale ou industrielle, politique de ressources humaines, financement, cessions ou acquisitions, etc.

Adopter une constitution

Le choix des règles institutionnelles de la gouvernance pose le problème de la légitimité du pouvoir politique : qui sont les citoyens appelés à en choisir et à en opérer les institutions ? Les Athéniens ont construit leur démocratie de façon organique, à partir d'une définition simple du droit de cité, réservé aux hommes adultes installés à Athènes, à l'exception des esclaves. L'expérience les aurait sans doute conduits à émanciper les esclaves et à donner aux femmes l'accès à la communauté citoyenne, si l'histoire leur en avait laissé le temps.

Il me paraît réaliste d'envisager une démarche analogue pour les entreprises, tout au moins celles de la sphère privée : les actionnaires ont le pouvoir de choisir leurs institutions dans le cadre des contraintes légales et d'y associer à leur gré les autres parties prenantes, s'ils sont prêts à s'engager eux-mêmes. C'est relativement facile au début de la vie d'une entreprise ou s'il existe un noyau dur d'actionnaires stables. Il appartient aux fondateurs ou aux principaux actionnaires d'associer les dirigeants au débat, d'obtenir l'accord de l'ensemble des actionnaires et investisseurs, de s'assurer que les collaborateurs et leurs représentants puissent s'exprimer et de consulter éventuellement d'autres parties prenantes comme les autorités de régulation ou les représentants des consommateurs.

Si les conditions nécessaires à ce débat sont plus difficiles à réunir dans des entreprises à actionnariat diffus, rien ne les empêche de faire appel à une personnalité extérieure pour faire des propositions à l'assemblée générale des actionnaires. Elles n'ont pas intérêt à attendre une crise de confiance, comme celle qui a conduit World Com à faire appel à Richard Breeden pour établir une constitution et réformer ses méthodes de gouvernance, sur injonction de la justice. À moins que leurs administrateurs ne préfèrent laisser le soin à un prédateur d'imposer sa loi…

L'enjeu de ce cadre institutionnel, c'est que tous les hommes et les femmes qui participent aux forces vives de l'entreprise en connaissent et en acceptent les règles de jeu :

- quelle est l'ambition collective qu'ils poursuivent ?
- comment se prennent les décisions ?
- de quelle manière pourront-ils y participer ?

Cette transparence institutionnelle, indispensable à l'instauration de la confiance, suppose une transformation profonde des mentalités – culture du secret pour les uns, refus de s'engager pour les autres.

> **« Formaliser les règles de jeu institutionnelles dans une constitution est le seul moyen d'en assurer la transparence dans des organisations complexes dont les acteurs se renouvellent. »**

Une bonne constitution devrait comporter moins de détails que des statuts de société ou un pacte d'actionnaires, mais avoir une portée (entité économique consolidant le cas échéant de nombreuses entités juridiques) et une durée de vie supérieures. Elle devrait exposer la vocation de l'entreprise et traduire ses valeurs partagées en quelques principes de bonne conduite (équivalant au credo de Johnson and Johnson ou aux Guiding Principles de McKinsey). Elle devrait clarifier les prérogatives de l'assemblée générale des actionnaires, des mandataires sociaux et du management dans les différents domaines de décision ; définir les processus d'information et d'explication dont les collaborateurs et autres parties prenantes disposent pour en comprendre les tenants et les aboutissants et préciser dans quels domaines et comment ils peuvent donner leur avis.

Trois thèmes méritent a priori d'être abordés, de façon relativement détaillée, dans ce cadre constitutionnel : la gestion et la rétribution des performances des dirigeants ; les droits et les devoirs des mandataires sociaux ; et le processus de sélection et de révocation des mandataires sociaux et des auditeurs.

Certains problèmes actuellement en débat, comme l'obligation de vote des actionnaires institutionnels, seraient plus faciles à régler au niveau d'une constitution privée qu'à celui de la réglementation publique : un système liant par exemple l'attribution d'actions gratuites à la participation aux votes ne serait pas incompatible, me semble-t-il, avec le sacro-saint principe d'égalité de traitement des actionnaires.

La mission des comités de gouvernance, dont la pratique se répand dans les entreprises, devrait être de veiller à l'application de ce cadre constitutionnel et de proposer, le cas échéant, d'y apporter des amendements.

L'indépendance des mandataires sociaux

La composition des conseils d'administration et l'indépendance des administrateurs sont au cœur de bien des débats sur la gouvernance. Deux tendances s'affrontent :

- celle des régulateurs, qui prônent un quota obligatoire d'administrateurs indépendants, qui limitent la durée de leur mandat et qui leur attribuent un rôle spécifique dans le choix des auditeurs ou dans les décisions de rémunération des dirigeants ;

- celle des pragmatiques, qui font observer que la notion d'indépendance est bien floue (absence de rôle dans la direction de l'entreprise ? Limitation des intérêts patrimoniaux dans son capital ? Absence de risques de collusion liés aux activités extérieures à l'entreprise – relations de fournisseur, participations croisées dans les conseils d'administration ?) et que la compétence des administrateurs est plus importante que leur indépendance.

Il est certes souhaitable de limiter les risques de conflit d'intérêt dans le recrutement d'administrateurs non exécutifs ou la composition du conseil de surveillance, mais il est impossible de les éradiquer.

L'expérience que j'ai eue dans mes interactions avec des conseils d'administration ou en tant que président ou administrateur des sociétés au sein des groupes qui m'ont employé m'amène à penser que la clé de la gouvernance réside dans ce qui forme la capacité de jugement indépendant des conseils d'administration ou de surveillance : la personnalité des membres ; les modes et moyens de fonctionnement du conseil et les mécanismes de contre-pouvoir qui en assurent l'intégrité.

Des caractères bien trempés

Qu'est-ce qui fait un bon administrateur ? La compétence n'est pas seulement affaire d'expérience. L'expérience du secteur peut être un atout, mais la diversité des profils est un facteur de sécurité et de créativité au sein d'un conseil d'administration. La motivation est comme dans n'importe quel rôle une condition nécessaire à l'efficacité.

J'ai croisé trop d'administrateurs satisfaits de signer une feuille de présence et d'écouter vaguement le texte des résolutions.

C'était le cas de la banque consortiale dont j'ai déjà parlé, où certains administrateurs manifestaient plus d'intérêt pour les plaisirs d'un séjour à Paris et pour les menus services que leur rendaient les dirigeants que pour les affaires de la banque. Les actionnaires auraient économisé les frais d'une quasi-faillite, discrètement menée, s'ils s'étaient entendus pour se faire représenter par un groupe restreint de professionnels compétents et engagés.

J'ai rencontré d'autres administrateurs obsédés par les intérêts de l'actionnaire qu'ils représentaient et incapables de participer à un dialogue constructif sur les décisions à prendre, ou encore des personnalités compétentes mais visiblement débordés par la charge de leurs responsabilités de dirigeant dans d'autres entreprises ou par le nombre de leurs mandats.

> **« La capacité de poser les bonnes questions, de remettre en cause les idées reçues, de contribuer de façon constructive à un débat et de ne s'engager sur une décision qu'en connaissance de cause est affaire d'indépendance de caractère plutôt que de situation par rapport à l'entreprise. »**

Les cabinets de recrutement qui ont ouvert la chasse aux administrateurs indépendants et les associations qui s'intéressent à la professionnalisation du métier d'administrateur devraient placer l'intégrité, l'indépendance de caractère, et l'aptitude au dialogue en tête de leurs critères de sélection. Ils devraient aussi inciter les business schools à créer des programmes de formation au rôle d'administrateur ou à améliorer leurs programmes existants, pour préparer des managers opérationnels ou des experts à exercer cette responsabilité en connaissance de cause (techniques comptables, responsabilité juridique) et combler leurs éventuelles lacunes dans la prospective ou la discipline du dialogue.

Les moyens d'agir

Quelles que soient les qualités individuelles de leurs membres, un conseil d'administration ou un conseil de surveillance ne peuvent jouer efficacement leur rôle que s'ils ont les moyens d'agir.

C'est pour partie une question de taille et de composition du conseil. Le nombre de membres doit être adapté à la complexité de l'entreprise dans les limites propres au cadre juridique adopté, mais une taille de six à douze membres paraît idéale pour qu'il y ait débat. Dans le cas d'un conseil d'administration, les rôles « sensibles » (comité d'audit, comité des rémunérations) doivent évidemment être confiés aux membres non dirigeants les moins exposés aux conflits d'intérêt.

La participation additionnelle de censeurs sans droits de vote, qui ne soulève pas d'obstacle juridique, constitue un outil complémentaire qui permettrait facilement de faire participer aux travaux du conseil des représentants désignés par les collaborateurs, des associations de clients ou tout autre partie prenante.

L'adéquation des moyens est aussi affaire de quantité de travail. Un conseil qui se réunit trois fois par an et auquel les membres ne consacrent guère de temps en dehors des réunions a peu de chance d'avoir un impact majeur sur la marche de l'entreprise.

> **« Chaque mandataire social devrait, pour jouer le rôle qui vient d'être esquissé, consacrer un minimum d'un jour par mois à un jour par semaine à sa fonction, selon la complexité de l'entreprise et compte tenu des responsabilités particulières qu'il exerce dans certains comités. »**

L'administrateur non dirigeant devrait être rémunéré sur les bases du tarif d'un consultant de niveau équivalent – et, bien entendu, correctement assuré contre les risques qu'il encourt. S'agissant d'administrateurs dirigeants, la solution la plus saine est qu'ils soient rémunérés comme leurs collègues non exécutifs pour leur rôle de mandataire social et sur la même base qu'un dirigeant salarié pour leur rôle de manager.

L'efficacité d'un conseil d'administration ou de surveillance est aussi le résultat des modes de fonctionnement internes : niveau de confiance entre les membres du conseil ; relations avec le directoire dans le cas d'un conseil de surveillance ; répartition des rôles et constitution des comités spécialisés en fonction des intérêts et des compétences ; qualité du pilotage des travaux par le président du conseil et ceux des comités ; mise à disposition d'une équipe de préparation et de suivi des réunions.

Les mandats, dont la durée est à fixer par la constitution, dans les limites du juridiquement possible, doivent à mon avis être d'au moins quatre à cinq ans, renouvelables et révocables par l'assemblée générale dans des conditions strictement définies, pour assurer la continuité politique et pour faciliter le processus d'apprentissage. Les administrateurs devraient fournir des motifs circonstanciés en cas de démission.

La distribution des rôles, notamment la présidence du conseil ou celle de ses différents comités, pourrait faire l'objet d'une rotation systématique plus rapide pour limiter – comme à Athènes – les risques de monopolisation du pouvoir.

L'indépendance des mandataires sociaux peut être renforcée par la pratique de contacts directs avec des représentants des diverses parties prenantes de l'entreprise – tant à travers des discussions bilatérales que par la mise en place de comités consultatifs. Les membres non exécutifs des conseils d'administration ou ceux des conseils de surveillance devraient également avoir les moyens de commanditer des missions d'audit, des diagnostics de l'équipe de direction ou des études stratégiques par des prestataires de leur choix.

> « L'indépendance de jugement des mandataires non exécutifs doit être éclairée par l'accès à des informations indépendantes (audit interne, rapports d'analystes). »

L'obligation de rendre des comptes

Les moyens accrus dont je me fais l'avocat doivent avoir pour contrepartie l'obligation de rendre des comptes.

> **« Seule l'existence de contre-pouvoirs peut garantir durablement l'intégrité d'un conseil d'administration ou d'un conseil de surveillance et limiter les risques pris par ses membres. »**

Au-delà des cordes de rappel que constitue la surveillance des actionnaires, des auditeurs, des analystes financiers, des autorités régulatrices ou des partenaires sociaux, les processus de reporting et de nomination ou de révocation des administrateurs doivent en fournir le moyen.

l'assemblée générale des actionnaires devrait non seulement être informée, comme le prévoit désormais la loi française, de l'organisation du conseil d'administration ou de surveillance et des procédures de contrôle interne, mais elle devrait aussi se prononcer sur un rapport d'activité du conseil d'administration ou du conseil de surveillance détaillant ses travaux, expliquant ses décisions et précisant son agenda pour l'exercice à venir. Il serait logique d'y adjoindre les commentaires des censeurs en application de leur devoir d'alerte, ainsi que ceux des auditeurs ou de membres des comités consultatifs.

La sélection des mandataires sociaux peut être rendue plus transparente en ouvrant, comme le prévoit la nouvelle constitution de World Com, la possibilité à des actionnaires dissidents de proposer des alternatives aux candidatures proposées par le conseil d'administration et de les soumettre au vote de l'assemblée générale.

Elle pourrait aussi être confiée à un collège de censeurs, dont les modalités d'élection ou de désignation seraient déterminées par la constitution de l'entreprise.

La constitution d'un tel collège faciliterait la mise en place d'un processus de sélection aussi rigoureux que le choix des partenaires senior dans certains cabinets d'avocats ou de consultants : définition des critères de choix avec les présidents du conseil et de ses comités ; recueil de propositions de candidatures auprès des dirigeants, des investisseurs et des membres des comités consultatifs – complété au besoin par une mission confiée à un cabinet de recrutement ; présélection des candidats et désignation d'un évaluateur indépendant au sein du comité de sélection ; instruction du dossier par l'évaluateur et délibération du comité ; présentation des recommandations et explication des critères de choix à l'assemblée générale des actionnaires.

Ce même collège aurait par ailleurs la responsabilité d'évaluer les performances des mandataires sociaux, d'en proposer les règles de rémunération et d'intervenir comme cour de discipline pour proposer à l'assemblée générale de mettre fin au mandat d'un administrateur manifestement défaillant. Il jouerait le rôle d'un comité de gouvernance.

La complexité toute relative de cette discipline de censure démocratique n'est-elle pas préférable à un retour aux pratiques de délation qu'Athènes avait adoptées dans un moment d'aberration ? La protection des salariés dénonciateurs de malversations, prévue par la loi Sarbanes-Oxley, rappelle étrangement les encouragements prodigués par la cité grecque aux sycophantes, c'est-à-dire aux citoyens qui démasquaient les voleurs de figues.

Enfin, la participation de collaborateurs ou de clients au capital reste l'un des moyens les plus simples de leur donner un droit de regard sur l'action des mandataires sociaux. Les clients sociétaires des organisations mutualistes élisent les mandataires de leurs entreprises locales. Ces derniers sont représentés dans les instances de tête du groupe dont les mutuelles locales sont à la fois filiales et copropriétaires.

C'est une piste d'organisation à méditer pour élargir la communauté des citoyens de l'entreprise. J'attends avec impatience de me voir offrir un bon de souscription d'action dans le cadre du programme de fidélisation de la grande surface que je fréquente régulièrement…

Synthèse 3

Y a-t-il
un dialogue politique
dans votre entreprise ?

Quelles sont les relations entre votre entreprise et les investisseurs ?

Quelle est la composition de l'actionnariat ? Comporte-t-elle un noyau stable ? Dont les membres partagent le même projet ?

Les actionnaires connaissent-ils les fondamentaux de votre entreprise ? Comprennent-ils ses performances ? Sont-ils informés des risques ? Font-ils confiance aux mandataires sociaux ? Au management ?

Quelle est la qualité des relations avec les banquiers et les autres investisseurs ? Les auditeurs ? Les analystes ?

Comment les collaborateurs, les clients et d'autres acteurs sont-ils informés et impliqués dans les décisions ?

Les collaborateurs sont-ils bien informés de la marche de leur entreprise et de sa stratégie? Dans quels domaines et comment peuvent-ils s'exprimer sur les choix politiques ? Ont-ils accès aux mandataires sociaux ? Pensent-ils généralement que les processus de décision sont équitables ?

Les clients font-ils confiance à votre entreprise ? Sont-ils associés à sa gouvernance ? Les fournisseurs et autres partenaires externes travaillent-ils en confiance avec ses dirigeants ? Comment les uns et les autres sont-ils informés et consultés ?

Votre entreprise a-t-elle traversé des crises ? Comment ont réagi les différents acteurs ? Ont-ils resserré les rangs ou se sont-ils entre-déchirés ?

Votre entreprise a-t-elle une politique à long terme ?

Votre entreprise a-t-elle une vocation bien définie ? Ses différents acteurs partagent-ils les mêmes valeurs et la même ambition ? Ses dirigeants sont-ils prêts à sacrifier les résultats à court terme pour préparer l'avenir ?

Avez-vous confiance dans la capacité d'adaptation de votre entreprise à des circonstances imprévues ? Comment tire-t-elle les leçons de ses échecs et de ses réussites ? Qui se préoccupe d'éclairer la route ?

Depuis combien de temps les dirigeants sont-ils en place ? La relève a-t-elle été préparée ?

Comment s'exerce le pouvoir politique ?

Quel est le pouvoir de l'assemblée générale des actionnaires par rapport aux mandataires sociaux ? Du conseil d'administration ou du conseil de surveillance par rapport aux dirigeants ?

Les règles de jeu constitutionnelles du pouvoir sont-elles affichées ? Ont-elles fait l'objet d'un débat ? Qui y a participé ?

Combien de mandataires sociaux sont-ils extérieurs à la Direction générale ? Comment sont-ils impliqués dans la validation des résultats publiés ? Dans les décisions de rémunération des dirigeants ? Sont-ils au contact des autres acteurs de l'entreprise ? Sont-ils à même d'exercer un jugement indépendant ? D'influencer les dirigeants ? D'agir en cas de désaccord grave ?

Comment sont désignés les mandataires sociaux ? L'assemblée générale a-t-elle les moyens d'intervenir dans la sélection ? De solliciter l'avis des autres acteurs de l'entreprise ? De juger l'efficacité du conseil d'administration ou du conseil de surveillance ?

Épilogue

Thelematics n'existe pas, bien que ses aventures soient inspirées par des histoires vécues et que la plupart de ses acteurs ressemblent à des personnages réels. Mais l'entreprise humaniste est à notre portée.

J'ai rencontré, dans toutes les entreprises que j'ai fréquentées, des managers porteurs d'une ambition digne d'intérêt et des équipes soudées par la confiance. Il suffit d'un dirigeant avisé pour les repérer et les aider à réussir.

La culture des entreprises n'est pas figée. La rotation accélérée des dirigeants peut être l'opportunité, notamment pour les entreprises qui traversent des crises, de confier les rênes à cette nouvelle génération de managers – entreprenants, pragmatiques, persévérants et suffisamment modestes pour garder la tête froide et pour mettre en avant les apports des autres –, dont Jim Collins a tressé les louanges.

Ce mouvement sera facilité par l'évolution convergente des comportements individuels des salariés, des clients et des investisseurs – davantage d'exigences, un jugement lucide, la détermination de choisir en connaissance de cause, mais aussi un profond besoin d'espoir, d'éthique et de lien social.

Quant à la gouvernance, le retour en force des régulateurs et la médiatisation des scandales rendent de plus en plus illusoire la dissimulation des erreurs ou des malversations, sous la protection de l'omerta. Il suffirait d'une médiatisation symétrique des exemples de bonnes pratiques pour que les représentants des actionnaires se rendent à l'évidence de la nécessité du dialogue et s'en inspirent afin de lui donner un cadre constitutionnel dans un nombre croissant d'entreprises.

Conclusion

Le plus difficile dans un livre, c'est de le terminer !

L'actualité ne cesse de m'abreuver de nouvelles anecdotes qui pourraient enrichir tel ou tel chapitre, et plusieurs lecteurs de mon manuscrit se sont demandé où je voulais les mener.

Et vous, qu'avez-vous retiré de cette lecture ?

Si vous étiez à la recherche de nouvelles recettes de management, vous êtes sans doute déçu. Si vous vous attendiez à découvrir un concept révolutionnaire, vous vous demandez encore où est le modèle.

Ne cherchez pas plus longtemps. On ne choisit pas l'humanisme parce qu'un théoricien du management aurait démontré que c'est la recette des managers qui réussissent ou le modèle des entreprises qui prospèrent. On le choisit par conviction, et non pas une fois pour toutes, mais au fil des arbitrages qui jalonnent l'existence.

L'humanisme est un patrimoine culturel dont nous sommes imprégnés, à des doses plus ou moins importantes. Il engendre une série de principes de comportement, dont je me suis efforcé de montrer qu'ils étaient compatibles avec un management efficace ; que les dirigeants qui en imprègnent, par leur discours et par leurs actes, la culture de leur entreprise, en obtiennent souvent des retombées créatrices de valeur ; et que les entreprises qui s'en inspireront pour équilibrer les pouvoirs et instaurer une discipline de dialogue dans leur gouvernance se donnent les meilleures chances d'établir des relations de confiance entre leurs parties prenantes.

J'espère vous avoir apporté, en vous faisant partager mes réflexions, mes expériences et mes observations, de nouveaux éléments de choix. À vous de les transposer dans le contexte de votre vie professionnelle et de choisir vos conclusions.

Comment tirer parti de votre lecture, si vous êtes séduit par les valeurs humanistes ?

La première étape, que je vous recommande, est de relire les synthèses des différentes parties et de réfléchir aux implications les plus pertinentes selon votre situation professionnelle, par exemple :

- Si vous êtes étudiant, si vous cherchez un nouvel emploi ou si vous devez vous faire une opinion comme analyste ou consultant, évaluez la culture des entreprises qui vous intéressent en fonction d'éléments révélateurs (publicité, sites Web institutionnels ou externes, rapport annuel, rapports d'analystes, articles de presse, etc.) ; consultez des amis ou connaissances familiers avec votre cible ; faites-vous, le moment venu, une opinion sur les véritables valeurs partagées à partir des journaux, tracts et documents internes auxquels vous aurez accès, ainsi que du discours et du comportement de vos interlocuteurs ;

- Si vous êtes cadre sans rôle de management ou spécialiste fonctionnel, utilisez ce livre pour mieux comprendre le comportement de vos interlocuteurs, choisir des modèles pour votre développement personnel et trouver les meilleurs points d'appui pour exercer vos responsabilités et réaliser les changements auxquels vous aspirez ;

- Si vous êtes manager ou cadre dirigeant, vous devriez procéder à une auto-évaluation – complétée éventuellement par des feed-back de vos interlocuteurs, pour apprécier l'impact de votre discours et de votre comportement sur votre équipe ; trouvez-vous un coach, si vous décidez de vous transformer ; réfléchissez aux domaines dans lesquels votre entité pourrait créer plus de valeur pour l'entreprise, en gagnant et en méritant la confiance de ses clients, de ses salariés, de ses partenaires internes ou externes et des représentants de la direction ou des actionnaires de l'entreprise ; cherchez des leviers pour introduire davantage d'humanisme dans sa culture – transformation de votre discours, remodelage et formation de l'équipe de leadership, actions symboliques ;

- Si vous êtes administrateur d'une société, actionnaire individuel concerné par son avenir, délégué syndical ou membre élu d'un comité d'entreprise, ou bien responsable d'un investissement ou d'une relation de crédit pour le compte d'une institution financière, tirez les enseignements de votre lecture pour apprécier les actifs intangibles et la capacité de création de valeur de l'entreprise ; demandez-vous ce que vous pourriez faire pour améliorer le dialogue entre les parties prenantes, en exploitant activement les possibilités que vous offrent les procédures de gouvernance existantes et en militant au besoin pour en réformer la constitution ;

- Si vous êtes dirigeant ou actionnaire d'une PME ou d'une société qui a adopté des structures juridiques différentes de celles qui prévalent dans les grandes entreprises – ou si, a fortiori, vous êtes responsable d'une entreprise de la sphère publique ou du monde associatif, vous devrez faire un effort de transposition pour tirer les enseignements de la dernière partie et vous interroger sur la qualité du dialogue entre les parties prenantes de votre entreprise.

Je vous recommande, dans un second temps, de profiter de cette lecture pour prendre du recul et vous poser quelques questions fondamentales :

- Êtes-vous un humaniste dans la vie privée – votre famille et vos amis vous reconnaissent-ils comme tel ? Si non, pourquoi ? Est-ce cohérent avec vos aspirations profondes ?
- Quelle est votre ambition dans la vie ? Quel héritage souhaiteriez-vous laisser ? Comment rédigeriez-vous votre épitaphe ?
- Devriez-vous ou non remettre en question votre situation professionnelle pour accomplir votre ambition ? Avez-vous pris le temps d'y réfléchir ? Etes-vous connecté aux bons réseaux pour explorer de nouvelles pistes ?

Mon ultime recommandation est de passer à l'acte :

- soyez pragmatique – ne forcez pas votre nature et n'hésitez pas à saisir les branches basses pour progresser ;
- soyez persévérant – rien n'est acquis, l'humaniste est condamné à l'apprentissage perpétuel.

> **« L'humanisme n'est pas un thème de réflexion ésotérique, c'est un guide d'action. »**

Annexes

Personnages de Thelematics

Personnages	Partie 1	Partie 2	Partie 3
John Cinderella	PD-G fondateur	PD-G fondateur	Président du Conseil d'administration
Philippe Freddus	Directeur SI/ équipier Thelematics	DG Thelefinance	COMEX/ DG Thelefinance
Philippe Masson	Consultant Directeur de mission	DG Délégué	COMEX/ Administrateur
Alain Sirius	Directeur Stratégie & Développement	Directeur Stratégie & Développement	COMEX/Directeur Stratégie & Développement
Georgio Schwab	PD-G Eurobrokers	Président du CA de Thelefinance	Administrateur
Christiane Meyer	Consultant chef de projet	Directeur Marketing France	
Alex Ruck	Directeur du projet Slimfast	Contrôleur financier	COMEX/Directeur financier
Victoria Esperanza		DG European Consumer	Administrateur
Michel Cornelius		PD-G Peopleforce	Administrateur/ Comité RH & Rémunérations

Personnages	Partie 1	Partie 2	Partie 3
Henri Knock	Président Médecins Urgentistes Associés	COMEX/DG de Thelemedical	COMEX/ DG Groupe
Claude Citroën		DG Garantie Mutuelle Gauloise	
Justine Delta	Directeur des Opérations Eurobrokers		
René Krasuski	Délégué syndical	Délégué syndical	
Thomas Kaas	Chargé de mission DSI	Directeur R&D	Participant / programme Leadersforever
Pierre Montaigne	DRH	DRH	COMEX/DRH
Jacques Phidias		Directeur Communication	Président Thelematics University
Gustave de la Pépinière		Caisse de Développement	Administrateur
Brian Savings		Scottish Orpheans Fund	Administrateur/ Comité d'audit
Nicole Tanot		Scrutator	Comité consultatif
Margaret Roofbuilder			DG Alpha Investors
Daniel Trop			DG Union Bancaire Européenne
Claire Neubourg			MACAO (Mouvement d'Action Collective des Actionnaires Ordinaires)
Vincent Gestalt		Coach	

Bibliographie

ALBERT Michel,
    Capitalisme contre Capitalisme, éd. Le Seuil, 1991.

BÉBÉAR Claude & MANIÈRE Philippe,
    Ils vont tuer le capitalisme, éd. Plon, 2003.

BLOCH Philippe,
    Bienheureux les fêlés, éd. Robert Laffont, 2003.

BOWER Marvin,
    The Will to Manage, McGraw Hill, 1966.

COLLINS Jim,
    Good to Great, Harper Business, 2001.

COLLINS Jim,
    Level 5 Leadership : The Triumph of Humility and Fierce Resolve,
    Harvard Business Review, January 2001.

DIWO Jean,
    Le printemps des cathédrales, éd. Flammarion, 2002.

GERSTNER Louis,
    Who Says Elephants Can't Dance ?, Harper & Collins, 2003.

GHOSN Carlos et RIÈS Philippe,
    Citoyen du Monde, éd. Grasset, 2003.

GODET Michel,
    Le choc de 2006, éd. Odile Jacob, 2003.

IBAL Bernard,
Le XXIe siècle en panne d'humanisme, éd. Bayard, 2002.

JARDIN Alexandre,
1+1+1, éd. Grasset, 2002.

KIM Chan & MAUBORGNE Renée,
Fair Process : Managing in the Knowledge Economy, Harvard Business Review, January 2003.

LAÏDI Zaki,
Le sacre du présent, éd. Flammarion, 2000.

MACÉ-SCARON Joseph,
Montaigne, notre nouveau philosophe, éd. Plon, 2002.

MAISTER David,
Managing the Professional Service Firm, Simon & Schuster, 1993.

MANVILLE Brook & OBER Joshia,
Beyond Empowerment : Building a Company of Citizens, Harvard Business Review, January 2003.

MARTIN Bertrand, LENHARDT Vincent et JARROSSON Bruno,
Oser la confiance : propos à l'usage des dirigeants, éd. Insep, 1996.

MC GREGOR Douglas & BENNIS Warren,
The Human Side of the Enterprise, McGraw Hill, 1960.

MINTZBERG Henry & WESTLEY Frances,
It's Not What You Think, MIT Sloan Management Review, Spring 2001.

PECK Scott,
The Road Less Travelled, Arrow, 1990.

PETERS Thomas & WATERMAN Robert,
> *Le prix de l'Excellence,* éd. InterÉditions, 1984.

PEYREFFITE Alain,
> *La société de confiance,* éd. Odile Jacob, 1995.

REICHELD Frederick,
> *L'effet loyauté,* éd. Dunod, 1996.

SENGE Peter,
> *The Fifth Discipline : The Art & Practice of the Learning Organization,* Currency Doubleday, 1994.

SHAW Bruce,
> *Trust in the Balance,* Jossey-Bass, 1997.